Os Intelectuais na Idade Média

Jacques Le Goff

Os Intelectuais na Idade Média

Tradução
MARCOS DE CASTRO

15ª edição

Rio de Janeiro, 2025

Título do original em francês
LES INTELLECTUELS AU MOYEN AGE

© *Editions du Seuil, 1957 e 1985*

Reservam-se os direitos desta edição à
EDITORA JOSÉ OLYMPIO LTDA.
Rua Argentina, 171 – 3º andar – São Cristóvão
20921-380 – Rio de Janeiro, RJ – República Federativa do Brasil
Tel.: (21) 2585-2000
Printed in Brazil / Impresso no Brasil

Atendimento e venda direta ao leitor:
sac@record.com.br

ISBN 978-85-03-00751-1

Capa: VICTOR BURTON

Texto revisado segundo o Acordo Ortográfico da Língua Portuguesa de 1990.

CIP-Brasil. Catalogação na fonte
Sindicato Nacional dos Editores de Livros, RJ.

L528i
15ª ed.

Le Goff, Jacques, 1924-2014
　　Os intelectuais na Idade Média / Jacques Le Goff; tradução de Marcos de Castro. – 15ª ed. – Rio de Janeiro: José Olympio, 2025.

　　Tradução de: Les intellectuels au Moyen Age
　　Inclui bibliografia
　　ISBN 978-85-03-00751-1

　　1. Civilização medieval. 2. França – Vida intelectual – Até 1500. 3. Europa – Vida intelectual. I. Título.

14-1399

CDD – 909.07
CDU – 94(100) "0375/1492"

Sumário

Prefácio 7

Introdução 23

O século XII Nascimento dos intelectuais

Renascimento urbano e nascimento do intelectual no século XII 29 • Modernidade do século XII: antigos e modernos 34 • A contribuição greco-árabe 37 • Os tradutores 38 • Paris: Babilônia ou Jerusalém? 43 • Os goliardos 47 • A vagabundagem intelectual 48 • O imoralismo 50 • A crítica da sociedade 52 • Abelardo 59 • Heloísa 62 • A mulher e o casamento no século XII 64 • Novos combates 66 • São Bernardo e Abelardo 69 • O lógico 70 • O moralista 71 • O humanista 73 • Chartres e o espírito chartriano 74 • O naturalismo chartriano 76 • O humanismo chartriano 78 • O homem-microcosmo 81 • A usina e *o homo faber* 83 • Figuras 85 • Brilho 86 • O trabalhador intelectual e o canteiro urbano 87 • Pesquisa e ensino 88 • As ferramentas 89

O século XIII A maturidade e seus problemas

Perfil do século XIII 93 • Contra os poderes eclesiásticos 94 • Contra os poderes leigos 96 • Apoio e embargo do papado 98 • Contradições internas da corporação universitária 100 • Organização da corporação universitária 101 • Organização dos estudos 104 • Programas 105 • Exames 107 • Clima moral e religioso 109 • A piedade universitária 110 • O equipamento 112 • O livro como instrumento 114 • O método: a escolástica 117 • Vocabulário 117 • Dialética 118 • Autoridade 118 • Razão: a teologia como ciência 119 • Os exercícios: *quaestio, disputatio, quodlibet* 120 • Contradições — como viver? Salário ou benefício? 124 • A querela dos regulares e dos seculares 128 • Contradições da escolástica: os perigos da imitação dos antigos 135 • As tentações do naturalismo 137 • O difícil equilíbrio da fé e da razão: o aristotelismo e o averroísmo 139 • As relações entre a razão e a experiência 145 • As relações entre a teoria e a prática 146

Do universitário ao humanista

O declínio da Idade Média 151 • A evolução das vicissitudes dos universitários 152 • Rumo a uma aristocracia hereditária 156 • Os colégios e a aristocratização das universidades 160 • Evolução da escolástica 162 • Divórcio entre a razão e a fé 162 • Limites da ciência experimental 165 • O anti-intelectualismo 167 • A nacionalização das universidades: a nova geografia universitária 169 • Os universitários e a política 174 • A primeira universidade nacional: Praga 177 • Paris: grandezas e fraquezas da política universitária 179 • A esclerose da escolástica 183 • Os universitários se abrem ao humanismo 185 • A volta à poesia e à mística 188 • Em torno de Aristóteles: a volta à linguagem bonita 189 • O humanista aristocrata 191 • A volta ao campo 194 • A ruptura entre a ciência e o ensino 196

Ensaio bibliográfico 199

Índice onomástico 239

Referências cronológicas 249

Prefácio

Parece pretensioso reeditar um livro de história vinte e sete anos depois de seu aparecimento* sem modificá-lo. Mas não penso que o essencial da concepção do mundo escolar e universitário medieval aqui apresentado esteja perempto. Parece-me, ao contrário, que o ponto de vista central deste ensaio não cessou desde 1957 de ser confirmado e enriquecido.

Exprime-se este ensaio primeiramente pela palavra "intelectual", que interessa no sentido de deslocar a atenção das instituições para os homens, das ideias para as estruturas sociais, as práticas e as mentalidades, de situar o fenômeno universitário medieval numa visão de longa duração. A voga, desde a aparição deste livro, dos estudos sobre "o intelectual" ou "os intelectuais" não é apenas, não deve ser apenas uma moda. Se, como em toda a perspectiva comparativa pertinente, não se separa a intenção ideológica que faz aparecer a coerência do tipo, das estruturas, do estudo histórico que destaca as conjunturas, as trocas, as reviravoltas, as rupturas, as diferenças, a inserção na sociedade global de uma época, o emprego do termo "intelectual" está justificado e é útil. Não

---

*A primeira edição é de 1957 e o Autor escreve este prefácio em 1984 para a segunda edição, que sairia em 1985. A atual edição que dá origem à presente tradução é do ano 2000 e foi enriquecida com a extensa bibliografia que vai no fim do volume, à qual o Autor chama de "Ensaio bibliográfico". (*N. do T.*)

pretendi em 1957 desenvolver uma exposição teórica sobre a noção que tinha recebido da história, da sociologia, da epistemologia do mundo ocidental a partir do século XIX. Nesse caso, eu não abriria aqui, hoje, esta documentação.

Não é, porém, mero acaso, que a maior parte dos estudos mais interessantes sobre os "intelectuais" do passado tenha sido publicada recentemente na Itália de Gramsci. Um esboço de conjunto foi proposto por Alberto Asor Rosa[1]; a noção de "intelectual" foi ampliada em um colóquio genovês e hoje se estende até a sociedade antiga[2]; Giovanni Tabacco, em um estudo notável, situou "o intelectual medieval no jogo das instituições e das preponderâncias sociais" no contexto de um volume de História da Itália do editor de Gramsci, Einaudi, totalmente consagrado às relações do intelectual com o poder[3].

Sinto-me gratificado, ao voltar aos "meus intelectuais", por ver em um excelente estudo consagrado ao nascimento da Universidade de Módena, a segunda universidade italiana, criada depois apenas da de Bolonha, no fim do século XII, Giovanni Santini, referindo-se a meu livro de 1957, declarar como eu próprio não faria tão bem: "O nascimento do 'intelectual' como tipo sociológico novo pressupõe a divisão do trabalho urbano, assim como a origem das instituições universitárias pressupõe um espaço cultural comum, no qual essas novas 'catedrais do saber' podem surgir, prosperar e se confrontar livremente[4]."

A divisão do trabalho, a cidade, instituições novas, um espaço cultural comum a toda a cristandade e não mais representado pela repartição geográfica e política da Alta Idade Média, eis os traços essenciais da nova paisagem intelectual da cristandade ocidental na virada do século XII para o século XIII.

O que é verdadeiramente decisivo no modelo do intelectual medieval é sua ligação com a cidade. A evolução escolar se inscreve na revolução urbana que vai do século X ao século XIII. A separação entre escola monástica, reservada aos futuros monges, e escola urbana, em princípio aberta a todos, sem exclusão dos estudantes que permanecerão leigos, é fundamental. Considerei mais importante, porém, mostrar a atração das escolas e das universidades urbanas sobre o meio monástico. Se de saída as ordens mendicantes — apesar de um debate aberto entre os franciscanos pelo próprio São Francisco sobre pobreza e saber — se integram ao mundo das escolas urbanas, mais significativa ainda é a conversão de algumas ordens monásticas (premonstratenses, cistercienses) ao ensino universitário, pela fundação de colégios para os noviços de suas ordens nas cidades universitárias desde o século XIII.

Urbanos, os novos intelectuais são homens de ofício. Precisam, como os mercadores, uma vez que são "vendedores de palavras" como aqueles são "vendedores de tempo", superar o chavão tradicional da ciência que não existe para ser vendida, sendo de Deus. Na linha do medievalista americano Gaines Post, sublinhei o caráter profissional, corporativo dos mestres e estudantes universitários. Paralelamente aos grandes livros de Pearl Kibre, uma série de estudos estabeleceu com precisão as condições materiais, técnicas e jurídicas da profissão universitária.

Achei que deveria, nessa perspectiva, insistir principalmente sobre o caráter revolucionário do currículo universitário como modo de recrutamento das elites governantes. O Ocidente só conhecera três modos de acesso ao poder: o nascimento, o mais importante, a riqueza, muito secundário até o século XIII salvo na Roma antiga, o sorteio, de alcance limitado entre os cidadãos das aldeias gregas da Antiguidade. A Igreja cristã tinha em princípio aberto a qualquer um o caminho para as honras eclesiásticas. Na realidade, as funções episcopais, abaciais, as dignidades eclesiásticas eram destinadas de modo significativamente majoritário aos membros da nobreza, senão da aristocracia. Jovens nobres e logo jovens burgueses constituem certamente a maior parte dos estudantes e dos mestres, mas o sistema universitário permite uma real ascensão social a um certo número de filhos de camponeses. É, portanto, importante que os estudos sejam interessantes para os estudantes "pobres". Na tipologia da pobreza, à qual Michel Mollat e seus alunos trouxeram tão grandes progressos, a pobreza universitária representa um caso particular. A análise de sua realidade e de sua conjuntura ultrapassa o domínio da particularidade histórica, e os trabalhos de Jean Paquet foram esclarecedores quanto a isso. O que eu pretendia deixar bem claro é que essa promoção social se deu através de um processo totalmente novo e revolucionário no Ocidente: *o exame*. O Ocidente alcança assim — modestamente — um sistema que, segundo meu amigo Vadime Elisseeff, devia ser enfocado numa perspectiva comparativa: o sistema chinês.

No termo dessa evolução profissional, social e institucional há um objetivo: o poder. Os intelectuais medievais não fogem ao esquema gramsciano, a bem dizer muito geral, porém operacional. Numa sociedade ideologicamente controlada muito de perto pela Igreja e politicamente cada vez mais enquadrada por uma burocracia dupla — leiga e eclesiástica (o maior "sucesso" nesse sentido foi a monarquia pontifícia que, precisamente no século XIII, reunia os dois aspectos) —, os intelectuais da Idade Média são antes de tudo intelectuais "orgânicos", fiéis servidores da Igreja e do Estado. As universidades tornam-se cada vez mais viveiros de "altos funcionários". Muitos deles, entretanto, porque a função intelectual, a "liberdade" universitária, apesar das limitações, ali se desenvolve, são mais ou menos intelectuais "críticos", o limiar sendo o da heresia. Em conjunturas historicamente diferentes e segundo personalidades originais, quatro grandes intelectuais podem, nos séculos XIII e XIV, ilustrar a diversidade dos comportamentos "críticos" no mundo medieval do ensino superior: Abelardo, Tomás de Aquino, Siger de Brabante, Wyclif.

Eu precisaria, sobretudo, detectar ao máximo a formação do *poder* universitário — mas não tinha lido o artigo de Herbert Grundmann, ainda que ele fosse de 1951, "*Sacerdotium — Regnum — Studium*". Precisaria também, através desses três poderes, o clerical, o monárquico e o universitário, reconhecer o sistema trifuncional valorizado por Georges Dumézil. Ao lado da função religiosa e da função político-guerreira, afirma-se então uma função da ciência que é, na origem, um aspecto da terceira função, a da abundância, da economia produtiva. Desse modo se justifica teoricamente o intelectual autorizado, como o mercador, a aproveitar-se de seu ofício, por causa de seu trabalho, de sua utilidade, de sua criação de bens de consumo. Os esforços que ele desenvolve desde o século XIII para participar também do poder eclesiástico (sua obstinação em defender sua situação jurídica de *clero*) e assim alçar-se a uma influência política (que pode ser encontrada em Paris desde o fim do século XIII), manifestam a vontade do trabalhador intelectual de se distinguir a todo preço — sem levar em conta suas origens no conjunto urbano — do trabalhador manual. O intelectual marginal parisiense Rutebeuf, da época de São Luís, reivindica: "Não sou trabalhador manual."

Sem cair no anacronismo, fui levado, assim, a definir o novo trabalho intelectual como a união, no espaço urbano e não mais monástico, da pesquisa e do ensino. Privilegiei, então, entre aqueles que, da multidão dos mestres e estudantes, alçaram-se aos picos da criação científica e espiritual e do prestígio magistral, as figuras de proa. Talvez eu não tenha tido razão ao descartar os vulgarizadores, os compiladores, os enciclopedistas porque, passando pelas universidades, eles difundiram o material bruto da pesquisa e do ensinamento escolásticos junto ao clero e aos leigos cultos e, através da pregação, junto à massa. Muita coisa aqui é subjetiva. A compilação, hoje desvalorizada, foi, na Idade Média, um exercício fundamental da atividade intelectual e não apenas da difusão, mas também da criação das ideias. O padre Chenu, o grande teólogo e historiador que abriu o caminho das pesquisas pelo qual enveredou este livrinho, dá pouca importância a Pierre Lombard, bispo de Paris, de origem italiana*, morto em 1160, cujo *Livro das sentenças*, transformando a Bíblia em *corpus* de ciência escolar, tornou-se o manual de base das Faculdades de Teologia do século XIII. Vejo Pierre Lombard, entretanto, como um intelectual importante, assim como, logo depois dele, esse cônego parisiense Pedro, o Comedor (Petrus Comestor), devorador de livros, que com sua *História escolástica* e outros escritos integra as novidades intelectuais de seu tempo num conjunto de ferramentas, elementar, mas fundamental para os futuros mestres e estudantes. Inversamente, recuso-me a classificar entre os intelectuais eminentes do século XIII o dominicano Vincent de Beauvais, próximo de

---

*Essa origem italiana (denunciada no próprio nome pelo qual ficou conhecido) faz com que esse arcebispo também seja chamado de Pietro Lombardo por autores de outra língua que não o francês. Mas como sua vida esteve mais ligada a Paris, creio que é como Pierre Lombard que ele deve ser citado. Não se tratando de figura universal, no sentido amplo, como um Tomás de Aquino, por exemplo, não há razão para traduzir seu nome. Pelo mesmo motivo não seria traduzido, em princípio, o nome de Pedro, o Comedor (Pierre le Mangeur), logo a seguir, no texto. Mas há uma tradição no sentido de traduzir os nomes seguidos de aposto. De qualquer maneira, o aposto curioso justificaria a tradução. Registre-se que não são raros os apostos curiosos: talvez tenha surgido daí a tradição de traduzi-los. (*N. do T.*)

São Luís, que redigiu com o *Speculum majus*, o "Grande espelho", uma enciclopédia pela qual perpassa, sem nenhuma originalidade de pensamento, todo o saber de sua época, arsenal para a difusão desse saber junto às gerações seguintes. Da mesma forma, não incluiria entre eles Robert de Sorbon, cônego parisiense, cuja obra, em sua parte essencial (sobretudo os sermões), permanece inédita, mas cuja importância histórica é ter fundado um colégio para doze estudantes de teologia pobres, núcleo da futura Sorbonne, à qual ele legou sua biblioteca, uma das mais importantes bibliotecas particulares do século XIII. Robert de Sorbon — de quem Joinville tinha ciúmes por ter de dividir com ele a frequência familiar de São Luís, e a quem esse mesmo Joinville, nobre, não perdia ocasião de lembrar sua origem camponesa — era um intelectual "orgânico" de segundo time. Mas deixou boa semente.

Hesito mais ainda, hoje, em estabelecer fronteiras no mundo intelectual da Idade Média entre os universitários propriamente ditos e os "literatos" do século XIII ao século XV. Incluí Rutebeuf e Jean de Meung, autor da segunda parte do *Romance da rosa*, porque antigos estudantes parisienses, citaram em suas obras os conflitos ideológicos da Universidade de Paris no século XIII e exprimiram alguns aspectos importantes da "mentalidade universitária": tendência para "raciocinar" (mas não se pode falar de racionalismo), espírito corporativo, anticlericalismo — dirigido sobretudo contra as ordens mendicantes —, propensão à contestação. E, se houvesse desenvolvido o estudo dos intelectuais do fim da Idade Média, teria recorrido ao estudante marginal François Villon. Arrependo-me de não ter incluído grandes "escritores" impregnados pela formação e o espírito universitários, e dos quais uma parte da obra dá relevância à teologia ou ao saber científico. Penso sobretudo em Dante, gênio na verdade inclassificável, e Chaucer,* no qual se equilibram a curiosidade científica e a imaginação criadora, ainda que seja à segunda que ele deva sua glória.

Lamento sobretudo o fato de não ter me aprofundado mais, não no pico, mas na base do mundo intelectual, em relação àqueles profissionais que, no século XII, situaram o lugar da cultura no movimento urbano. Ao lado de alguns homens de Igreja, docentes de gramática e retórica, advogados, juízes, notários especialmente deram, com os artesãos, poder às cidades. Dá-se hoje cada vez mais importância, a justo título, aos elementos culturais na natureza e no funcionamento das cidades medievais, ao lado dos aspectos econômicos e propriamente jurídicos e políticos. O mercador não é mais o único, talvez nem mesmo o principal ator da gênese urbana no Ocidente medieval. Todos aqueles que pelo conhecimento da escritura, sua competência em direito e em particular em direito romano, seu ensinamento das artes "liberais" e, ocasionalmente, das artes "mecânicas" permitiram à cidade afirmar-se e, especialmente na Itália, à Comuna tornar-se um grande fenômeno social, político e cultural, merecem ser considerados os intelectuais do crescimento urbano, um dos principais grupos socioprofissionais aos quais a cidade medieval deve seu poder e sua fisionomia.

Desde 1957 estudos de valor permitiram enriquecer nosso conhecimento das universidades da Idade Média sem

---

*Geoffrey Chaucer, poeta inglês (Londres, 1340-id. 1400) muito influenciado pela literatura francesa, traduziu o citado *Romance da rosa*, de Jean de Meung, para o inglês. Fez várias viagens ao estrangeiro em missão diplomática para o reino britânico e consta que numa delas, na Itália, encontrou Petrarca. Os *Contos de Cantuária (Canterbury Tales)*, considerados sua obra-prima, são uma imitação do *Decamerão*, de Bocaccio, mas muito originais pela forma. Foi o primeiro escritor inglês enterrado na Abadia de Westminster. Marco importante na história da literatura inglesa, é considerado o primeiro grande poeta do inglês moderno e ajudou a fixar a gramática e a língua. *(N. do T.)*

modificar o quadro que eu tinha proposto. Incorporá-los ao meu ensaio exigiria entretanto que meu livro fosse quase que completamente reescrito. Encontrar-se-á, na abundante bibliografia, a lista dos trabalhos mais importantes, cuja leitura dará densidade ao meu texto.

Mencionarei três domínios em que as contribuições recentes foram particularmente significativas.

Em primeiro lugar, o da documentação. Importantes bibliografias foram editadas. Elas permitirão especialmente um melhor conhecimento dos centros universitários que, eclipsados pelas "grandes" universidades, ou situados em zonas geográficas mais ou menos excêntricas, não estavam ao alcance do saber comum. Trabalhos prosopográficos impressionantes por sua amplidão entronizam o quantitativo na história dos intelectuais da Idade Média. O inventário dos universitários que passaram por Oxford ou Cambridge, dos originários da Suíça, da região de Liège ou da Escócia permitirá um avanço da geografia histórica universitária e fornecerá dados preciosos para a história social, institucional e política. Enfim, as publicações de fontes, ou o tratamento informático de algumas fontes, retomaram a atividade do fim do século XIX e início do século XX, e permitiram talvez modificar alguns pontos de vista. Uma tese recente, consagrada à nação anglo-alemã* da Universidade de Paris no século XV, ainda inédita, defendida na Escola dos Altos Estudos em Ciências Sociais por um pesquisador japonês, auxiliado por André Tuilier, diretor da biblioteca da Sorbonne, traz mais do que nuanças à imagem de uma universidade de Paris em declínio no fim da Idade Média. A bibliografia desta nova edição não inclui, salvo

---

*As universidades medievais eram divididas, de acordo com cada modelo, em faculdades e em "nações", como o leitor verá fartamente no decorrer do livro. *(N. do T.)*

exceção, referência às edições de documentos porque este ensaio, ainda que fundado sobre uma longa investigação científica, não se dirige aos eruditos. Mas é preciso render aqui homenagem àqueles sábios que, no passado e em um presente em que sua tarefa não é facilitada pela evolução das condições do trabalho científico, tornaram e tornam possível, por seu empenho e, frequentemente, sua inteligência, assentar sobre bases sólidas as novas interpretações e interrogações que hoje os historiadores elaboram.

O segundo progresso concerne ao domínio do cotidiano. Sabe-se cada vez melhor onde e como moravam mestres e estudantes, como se vestiam, o que comiam (e bebiam), como empregavam seu tempo, quais eram seus costumes, suas devoções, suas condutas sexuais, suas diversões, a morte e os testamentos, e às vezes seus funerais e seus túmulos. E também, claro, seus métodos e seus instrumentos de trabalho, seu papel na evolução das técnicas intelectuais e os comportamentos diante do manuscrito e depois diante do livro impresso. Saenger mostrou como os cursos universitários tinham contribuído para fazer com que o leitor medieval evoluísse da leitura em voz alta à leitura visual, silenciosa. Construiu-se uma antropologia dos intelectuais medievais.

Por fim, o papel das universidades e dos universitários na política e, sobretudo depois do século XIII, na grande política, ficou cada vez mais bem conhecido. Na França da sucessão dos Capetos aos Valois e das dilacerações da Guerra dos Cem Anos (uma universidade de Paris colaboradora e assassina de Joana d'Arc), na Inglaterra da luta dos barões contra os reis no século XIII e das sucessões dinásticas dos séculos XIV e XV, na construção dos Estados tcheco, polonês e escocês, nos acontecimentos do Grande Cisma e dos grandes concílios, em Constança [em al. Konstanz] e em Basileia, a ação da Universidade como poder, como poder político se afirma.

Para acabar com os arrependimentos direi que eles são maiores na diacronia. O assunto deste ensaio é a emergência e o triunfo de um novo tipo socioprofissional nos séculos XII e XIII. Só evoquei a Alta Idade Média como uma pré-história de meu assunto, pré-história bárbara e balbuciante, e isso que não ousamos mais chamar de Baixa Idade Média, os séculos XIV e XV, a não ser como declínio, a traição ao modelo anterior.

Certamente exagerei no pessimismo, na caricatura, na evocação apressada da Alta Idade Média. Em sua originalidade como em sua longa duração, o período carolíngio não se presta inteiramente a modelos comparativos, *mutatis mutandis* deve-se dizer o mesmo dos períodos do apogeu da Idade Média e nunca pretendi negar a realidade intelectual de um "Renascimento carolíngio", mesmo que haja um exagero quanto à sua espessura. Mas acho que na Igreja e na monarquia dos tempos carolíngios a natureza e a função das escolas e dos pensadores e produtores de ideias eram muito diferentes do que foram no tempo da predominância da cultura urbana e que sua difusão não ultrapassa círculos aristocráticos — eclesiásticos e leigos — restritos. Será preciso sem dúvida estudar mais de perto o funcionamento das escolas urbanas dos séculos X e XI na sociedade da época. Em Liège, em Reims, em Laon alguma coisa se esboça na atividade intelectual que anuncia a escolástica, mas há mais ruptura do que continuidade, das artes liberais às matérias das cinco Faculdades (Artes, Medicina, Direito Civil e Direito Canônico, Teologia), do saber (*sapientia*) à ciência (*scientia*, inclusive a ciência teológica). Um Rathier de Verona*, um Gerbert, um Santo Anselmo têm alguns traços dos grandes intelectuais do século XIII, mas as igrejas episcopais onde eles pensam e ensinam não são corporações universitárias, as quais só se constituem no século XII. Para

---

*Em alguns autores também poderá ser encontrado como Rathier de Lobbes. *(N. do T.)*

tomar o exemplo parisiense, quando se passa de Pierre Lombard, de Pedro, o Comedor, de Pedro, o Chantre, a Alexander de Hales, a Guillaume d'Auvergne (embora tenha sido bispo de Paris), a Jean de Garlande, muda-se de tipo de "mestre". Quando se passa, na margem esquerda do Sena, da Cité ao Quartier Latin, da escola do capítulo catedral às escolas dos mestres universitários, em algumas dezenas de anos ou em algumas centenas de metros, a paisagem muda profundamente.

A grande mudança, mas tudo permanecendo no mesmo quadro institucional, foi nos séculos XIV e XV. Meu ensaio nesse ponto é totalmente ineficiente e os trabalhos deste último quarto de século levam a corrigi-lo consideravelmente. Ora, o ensino universitário dos colégios é diferente daquele da universidade sem construção física do século XIII; sim, não há mais doutrina dominante, como foi (mais brevemente e menos completamente, como diz uma historiografia neotomista da escolástica) o aristotelismo; sim, a "razão" tomou outras formas no fim da Idade Média, em relação a seu apogeu. Sim, houve uma crise universitária que é um aspecto da que pode ser chamada "a" crise dos séculos XIV e XV e que, como ela, é anterior à Peste Negra de 1348 e se revela na virada do século XIII para o XIV, desde 1270-77, sem dúvida com as condenações doutrinais levadas a efeito pelo bispo Étienne Tempier, de Paris. Sim, é verdade, por exemplo, que um dos grandes adeptos da *devotio moderna**, das novas formas de piedade que seduziam a socie-

---

*Os Irmãos da Vida Comum, clérigos e fiéis desejosos de fugir da corrupção do mundo — associação fundada em 1381 por Gerhard (ou Geert) Groote, também conhecido como Geraldo, o Grande — foram os principais propagadores dessa *devotio moderna*, cuja base está na *Imitação de Cristo*. Nascido em Deventer (Holanda), em 1340, lá mesmo Geraldo fundou seus Irmãos da Vida Comum, depois de distribuir seus bens (1374) e recolher-se ao mosteiro próximo de Arnhem ao fim de uma vida mundana. Morreu em Deventer, em 1384. Passou os três últimos anos de vida pregando nos Países Baixos. *(N. do T.)*

dade do fim da Idade Média, Gerhard Groote, filho de um rico mercador de Deventer, depois do sucesso acadêmico na Universidade de Paris, retira-se em 1374 para a cartuxa perto de Arnhem e exprime sentimentos violentamente antiuniversitários, classificando a ciência de inutilidade, instrumento de cupidez, ruína da alma. Só a fé e um caminho simples salvam[5].

Sim, aparece um novo tipo de intelectual, o humanista que tende a substituir o universitário medieval e frequentemente se afirma contra ele. Mas o que desde então embaralha as cartas e que hoje começamos a perceber melhor é que alguns universitários são também humanistas sem renegar o molde de onde saíram. Um Gerson, um Nicolas de Cues a esse respeito são exemplares.

Há mais. A extensão geográfica do mundo universitário modifica a paisagem universitária sem destruir-lhe o quadro. Em áreas germânicas (Viena 1383, Erfurt 1379/1392, Heidelberg 1385, Colônia 1388, Würzberg 1402, Leipzig 1409, etc.), na Boêmia (Praga 1347), na Polônia (Cracóvia 1364/ 1400), sem falar na floração universitária escocesa, espanhola, portuguesa, francesa, italiana etc., novas universidades nascem, fundadas sobre o modelo bolonhês ou parisiense, o sistema das faculdades ou das "nações", o binômio mestres/estudantes etc., se bem que numa relação frequentemente nova com as cidades, os Estados, a religião (movimento hussita em Praga, conversão dos lituanos em Cracóvia, averroísmo em Pádua etc.).

Se a escolástica clássica, e em particular a teologia, sofrem uma estagnação, e se o controle eclesiástico paralisa pela censura numerosas faculdades, isso não se deu em toda parte. A escolástica tardia parece, à luz de alguns trabalhos, em particular no caso polonês de Cracóvia, mais original, criativa, do melhor nível que se possa dizer. A frequência universitária, longe de baixar, cresceu, mesmo nas grandes universidades antigas. Belos trabalhos como os de Jacques Verger, entre outros, corrigem ideias recebidas. A oposição escolástica/ humanismo está para ser revisada. As universidades desempenham um papel mais importante do que se acreditava na difusão da arte de imprimir.

O que a grande importância das fontes permite estudar melhor são as relações entre as universidades e a sociedade. Quanto a isso, muitos estudos referentes a Oxford e Cambridge são ricos de ensinamento.

O que fica é que essa reabilitação parcial da Universidade do fim da Idade Média (tudo seria, afinal, muito mais claro se se abandonasse o corte tradicional Idade Média/ Renascimento e se considerasse uma longa Idade Média até o século XIX), a riqueza das informações sobre os aspectos sociais das universidades desde os séculos XIV e XV, estão ligadas em profundidade a uma evolução essencial do mundo universitário. As universidades, os mestres universitários não detêm mais o monopólio da produção intelectual e do ensino superior. Círculos, como na Florença dos Médicis, colégios, o mais ilustre dos quais será o Collège de France, em Paris, elaboram e difundem um saber em grande parte novo em condições elitistas novas. As próprias universidades dão uma importância maior a seu papel *social*. Formam cada vez mais juristas, médicos, professores para os Estados nos quais camadas sociais novas reservadas a profissões mais utilitárias e menos brilhantes pedem um saber mais bem adaptado a suas carreiras, para os concursos que assegurarão, a eruditos afastados do ensino, subsistência e reputação. O intelectual da Idade Média originário da cidade e do trabalho universitário, destinado ao governo de uma Cristandade de agora em diante fendida, desaparece.

Jacques Le Goff
novembro de 1984

NOTAS

1. A. Asor Rosa, "Intellettuali", *Enciclopedia*, VII, Turim, Einaudi, 1979, pp. 801-827.
2. *Il comportamento dell'intellettuale nella società antica*, Gênova, Istituto di filologia classica e medievale, 1980.
3. G. Tabacco, "Gli intellettuali del medioevo nel giuoco delle istituzioni e delle preponderanze sociali", *Storia d'Italia, Annali 4*, ed. C. Vivanti, *Intellettuali e potere*, Turim, Einaudi, 1981, p. 7-46.
4. G. Santini, *Università e società nel XII secolo: Pilio da Medicina e lo Studio di Modena*, Módena, STEM Mucchi, 1979, p. 112.
5. Ver R.W. Southern, *Western Society and the Church in the Middle Ages*, Harmondsworth, Penguin Books, 1980, p. 334 s.

Introdução

A dança macabra que leva no fim da Idade Média os diversos "estados" do mundo — quer dizer, os diferentes grupos da sociedade — para o nada no qual se compraz a sensibilidade de uma época em seu declínio, arrasta frequentemente ao lado dos reis, dos nobres, dos eclesiásticos, dos burgueses, das pessoas do povo, um clérigo* que não se confunde nunca com os monges e os sacerdotes. Esse clérigo é o descendente de uma linhagem original no Ocidente medieval: a dos intelectuais. Por que esse substantivo que dá seu título a este pequeno livro? Não é o resultado de uma escolha arbitrária. Entre tantas palavras: eruditos, doutos, clérigos, pensadores (a terminologia do mundo do pensamento sempre foi vaga), essa designa um meio de contornos bem definidos: o dos mestres das escolas. Anuncia-se na Alta Idade Média, desenvolve-se nas escolas urbanas do século XII, desabrocha a partir do século XIII nas universidades. Designa aqueles cujo ofício é pensar e ensinar seu pensamento. Essa aliança da reflexão pessoal e de sua difusão num ensino caracterizava o intelectual. Nunca, sem dúvida, antes da época contemporânea, esse meio foi tão bem delimitado nem teve consciência mais nítida de si do que na Idade Média. Antes da designação pelo

---

*A palavra do original, *clerc*, tem em francês, além do sentido de membro do clero, o de sábio, erudito, intelectual, o que não acontece com "clérigo" em português. (*N. do T.*)

termo *clérigo*, termo aliás equívoco, esse grupo buscou batizar-se a si próprio através de um nome que Siger de Brabante tornou campeão no século XIII: *philosophus*, que descartei, porque filósofo é para nós uma outra personagem. A palavra vem da Antiguidade. Na época de Santo Tomás de Aquino e de Siger, o *filósofo* por excelência, o Filósofo com F maiúsculo é Aristóteles. Mas por toda a Idade Média, é um filósofo cristão. Ele é a expressão desse ideal das escolas do século XII ao século XV: o humanismo cristão. Mas humanista, para nós, designa um outro tipo de erudito, o do Renascimento dos séculos XV e XVI, que precisamente se opõe ao intelectual medieval.

Quer dizer que deste esboço — ao qual eu teria dado como subtítulo, se não temesse a ambição excessiva e o abuso de termos hoje aviltados, "introdução a uma sociologia histórica do intelectual ocidental" —, ilustres representantes do rico pensamento medieval estão ausentes. Nem os místicos fechados no claustro, nem os poetas ou os cronistas afastados do mundo das escolas e mergulhados num outro meio aparecerão aqui, a não ser episodicamente, como contraste. O próprio Dante, que domina o pensamento do Ocidente medieval, não projetará aqui, a não ser como sombra chinesa*, sua imensa silhueta. Se ele frequentou as Universidades (e verdadeiramente ele nunca veio a Paris, rua de Fouarre?), se a sua obra desde o fim do século XIV torna-se texto de explicação na Itália, se a figura de Siger aparece em seu *Paraíso* em versos que pareceram estranhos, ele seguiu Virgílio, para além da floresta escura, em caminhos diferentes daqueles abertos

---

*O correspondente em português dessa expressão francesa não é usual (pelo menos nenhum dicionário de língua portuguesa a registra). "Sombra chinesa", em geral usada no plural (*ombres chinoises*), é uma expressão técnica e designa "a projeção sobre uma tela de silhuetas recortadas". (*N. do T.*)

ou trilhados por nossos intelectuais. Mais ou menos marcados por sua passagem nas escolas, um Rutebeuf, um Jean de Meung, um Chaucer, um Villon não serão aqui evocados sob este título.

É, portanto, apenas um aspecto do pensamento medieval, um tipo de erudito entre outros que evoco aqui. Não desconheço a existência nem a importância de outras famílias do espírito, de outros mestres espirituais. Mas esse tipo me pareceu tão marcante, tão significativo para a história do pensamento ocidental e tão bem definido sociologicamente que sua figura e sua história prenderam minha atenção. Quanto ao mais, incorro em equívoco ao usar o singular, quando o próprio tipo foi tão diverso — como estas páginas mostrarão, espero. De Abelardo a Ockham, de Alberto Magno a Jean de Gerson*, de Siger de Brabante a Bessarion, que temperamentos, que características, que interesses diferentes, opostos!

Erudito e professor, pensador por ofício, o intelectual também costuma ser definido por alguns traços psicológicos que podem se projetar sobre o espírito, por algumas dobras do

---

*Ao contrário do caso de Alberto Magno, mestre de Tomás de Aquino, o possível aportuguesamento "João de Gérson" não encontraria respaldo, por exemplo, em nenhuma enciclopédia ou dicionário enciclopédico brasileiro, sem dúvida por se tratar de personagem pouco citada fora de livros de história especificamente voltados para determinados períodos ou aspectos, como é o caso deste. É sempre encontrado em nossos livros de referência e consulta como Jean de Gerson (de batismo Jean Charlier), nascido em Gerson, Ardennes, em 1363 e falecido em Lyon, em 1429, figura importante nos concílios de Paris e de Constantinopla no início do século XV. Místico, deixou diversos tratados de oração. Sirva este caso, para o leitor, como exemplo da norma que usamos ao longo de toda esta tradução: traduzem-se sempre, por ser esta a tradição da língua, os grandes nomes universais, grandes vultos (Tomás de Aquino, Alberto Magno, Miguel Ângelo, Rafael etc.); os outros ficam mantidos no original. Claro que nisso haverá sempre uma parte subjetiva, ainda que pequena. Que fazer? Nenhum critério humano é perfeito. E este, pelo menos, é um critério tradicional. (N. do T.)

caráter que podem se tornar rígidas, transformar-se em hábitos, manias. Argumentador, o intelectual arrisca-se a cair na raciocinação. Científico, a secura o espreita. Crítico, não irá ele destruir por princípio, denegrir por sistema? Não faltam detratores no mundo contemporâneo para assim fazer dele um bode expiatório. A Idade Média, se ironizou os escolásticos fossilizados, também não foi injusta. Não imputou a perda de Jerusalém aos universitários, nem o desastre de Azincourt aos grupos da Sorbonne. Por trás da razão, a Idade Média soube ver a paixão do justo, por trás da ciência, a sede da verdade, por trás da crítica, a busca do melhor. Aos inimigos do intelectual, Dante respondeu desde séculos, pondo no *Paraíso*, onde os reconcilia, as três maiores figuras de intelectuais do século XIII: Santo Tomás, São Boaventura e Siger de Brabante.

O século XII
Nascimento dos intelectuais

Renascimento urbano e nascimento do intelectual no século XII

No início foram as cidades. O intelectual da Idade Média — no Ocidente — nasceu com elas. Foi com o desenvolvimento urbano ligado às funções comercial e industrial — digamos modestamente artesanal — que ele apareceu, como um desses homens de ofício que se instalavam nas cidades nas quais se impôs a divisão do trabalho.

Antes, apenas as classes sociais estabelecidas por Adalbéron de Laon — aquele que reza, os clérigos; aquele que protege, os nobres; aquele que trabalha, os servos — é que correspondiam a uma verdadeira especialização entre os homens. O servo, se cultivasse a terra, além de camponês também era artesão. O nobre, soldado, era também proprietário, juiz, administrador. Os clérigos — sobretudo os monges — eram frequentemente tudo isso ao mesmo tempo. O trabalho do espírito era apenas uma de suas atividades. Não era um fim em si, mas ajustado ao resto de sua vida, voltado para a Regra, no sentido de Deus. Ao acaso de sua existência monástica, eles podiam assumir momentaneamente a figura de professores, de eruditos, de escritores. Aspecto fugaz, sempre secundário de sua personalidade. Mesmo os que anunciam o intelectual dos séculos futuros não o são ainda eles próprios. Um Alcuíno é em primeiro lugar um alto funcionário, ministro da Cultura de Carlos Magno. Um Loup de Ferrières é, em primeiro lugar, um abade que se interessa pelos livros e gosta de citar Cícero em suas cartas.

Um homem cujo ofício é escrever ou ensinar, e de preferência as duas coisas a um só tempo, um homem que, profissionalmente, tem uma atividade de professor e de erudito, em resumo, um intelectual — esse homem só aparecerá com as cidades.

Só o surpreendemos verdadeiramente no século XII. Sem dúvida, a cidade medieval não surge no Ocidente nessa época como um inesperado cogumelo. Há mesmo historiadores que a veem já totalmente constituída no século XI, no século X e cada fascículo de revista especializada anuncia um novo renascimento urbano um pouco mais afastado no tempo.

Sem dúvida sempre houve cidades no Ocidente, mas os "cadáveres" das cidades romanas do Baixo Império não continham em suas muralhas mais do que um punhado de habitantes, em torno de um chefe militar, administrativo ou religioso. Territórios episcopais, sobretudo, não contavam senão com um magro laicato em volta de um clero um pouco mais numeroso, sem outra vida econômica além de um pequeno mercado de serventia local destinado às necessidades cotidianas.

Sem dúvida, incentivadas provavelmente pelo mundo muçulmano, que precisa para suas enormes clientelas urbanas — de Damasco, de Fustat*, de Túnis, de Bagdá, de Córdoba — das matérias-primas do Ocidente bárbaro (madeiras, espadas, peles, escravos), embriões de cidades — os "portus" — se desenvolvem, autônomos ou ligados aos flancos das cidades episcopais ou dos "burgos" militares desde o século X,

---

*Cidade egípcia fundada no século VII, que hoje é apenas um grande bairro do Cairo. (N. do T.)

talvez do século IX. Mas o fenômeno só atinge amplidão suficiente no século XII. Modificou então, profundamente, as estruturas econômicas e sociais do Ocidente e começa, pelo movimento comunal, a sacudir-lhe as estruturas políticas.

A essas revoluções acrescenta-se uma outra — cultural. A esses surgimentos ou a esses renascimentos junta-se um outro, o intelectual. É a história de seus protagonistas, os avatares de seus sucessores até o fim daquilo que se chama Idade Média, até um outro "Renascimento", que este pequeno livro se propõe esboçar.

Se é difícil aceitar um verdadeiro renascimento urbano, suficientemente consistente, antes do século XII, será possível desconsiderar, no domínio da civilização, a época — fim do século VIII, primeira metade do século IX — tradicionalmente chamada de renascimento carolíngio?

Sem chegar a negá-lo, até mesmo a chamá-lo de *pretenso renascimento*, como alguns historiadores, gostaríamos de precisar-lhe os limites.

Esse período não tem nenhum dos traços quantitativos que, parece-nos, a noção de renascimento carrega em si. Se nele melhora a cultura dos filhos dos nobres, alunos na escola do Palácio, futuros clérigos educados em alguns centros monásticos ou episcopais, por outro lado quase acaba com os restos do ensino rudimentar que os mosteiros merovíngios espalhavam entre os filhos das terras vizinhas.

Por ocasião da grande reforma da ordem beneditina de 817 sugerida ao imperador Luís, o Piedoso, por São Bento de Aniano, reforma que consagra o sentido de ensimesmar-se do monaquismo beneditino primitivo, fecham-se as escolas "exteriores" dos mosteiros. Renascimento para uma elite fechada — numericamente fragílima — destinado a dar à monarquia clerical carolíngia um pequeno viveiro de administradores e políticos. Os manuais de história republicanos franceses estão perfeitamente equivocados ao popularizar um Carlos Magno, aliás analfabeto, como protetor da juventude das escolas, e precursor de Jules Ferry*.

Fora desse recrutamento para a direção da monarquia e da Igreja, o movimento intelectual da época carolíngia não manifesta outros aspectos de apostolado e de desapego nos seus métodos de trabalho e no seu espírito.

Os magníficos manuscritos da época são obras de luxo. O tempo que se gasta a escrevê-los, com um belo traço — a caligrafia é um sinal, ainda mais expressivo do que a cacografia, de uma época inculta na qual a demanda dos livros é mínima — a enfeitá-los esplendidamente para o Palácio ou para algumas grandes personagens leigas ou eclesiásticas, manifesta que a atividade da circulação dos livros é ínfima.

Mais ainda, os livros não são feitos para serem lidos. Vão engordar os tesouros das igrejas, dos ricos particulares. Constituem um bem mais econômico do que espiritual. Alguns de seus autores, recopiando as frases dos antigos ou dos Padres da Igreja, afirmam com clareza a superioridade do valor de seu conteúdo espiritual. Mas acredita-se nas informações dos livros só por ouvir dizer. E isso não faz senão aumentar-lhes o valor material. Carlos Magno vende uma parte de seus belos manuscritos para distribuir esmolas. Os livros são considerados baixelas preciosas.

Os monges que os escrevem laboriosamente nos *scriptoria* dos mosteiros não se interessam a não ser secundariamente por seu conteúdo — o essencial para eles é a aplicação que

---

*Ministro da Instrução Pública da França, entre outros vários cargos que ocupou, sempre com destaque, em seu país, Jules Ferry (1832-1893) organizou o ensino leigo, proclamando-lhe, além dessa condição, a gratuidade, em 1881, e a obrigatoriedade do curso primário, em 1882. Estendeu às moças o benefício do ensino secundário estatal e retirou da escola particular o direito da colação de grau. (N. do T.)

põem em seu trabalho, o tempo consumido, as fadigas que padecem ao escrevê-los. É obra de penitência que lhes valerá o céu. Afinal, de acordo com esse gosto pelo valor medido segundo os méritos e os castigos, que a Igreja copiou das legislações bárbaras, os monges creditam ao número de páginas, de linhas, de letras, anos de purgatório resgatados ou, inversamente, lamentam a falta de atenção que lhes aumenta, pulando tal ou qual letra, a temporada no purgatório. Legarão a seus sucessores o nome desse pequeno demônio especializado em implicar com eles, o demônio *Titivillus* dos copistas, que voltará para importunar Anatole France.

A ciência para esses cristãos, em cujo seio adormece o bárbaro, é um tesouro. É preciso guardá-lo cuidadosamente. Cultura fechada, ao lado da economia fechada. O renascimento carolíngio, em vez de semear, entesoura. Haverá talvez um renascimento avaro?

É por uma espécie de geração involuntária que a época carolíngia pode, apesar de tudo, guardar esse título de renascimento. Sem dúvida, o mais original e o mais poderoso de seus pensadores, Johannes Scotus Erigena*, permaneceu sem audiência em seu tempo para só se tornar conhecido, compreendido e utilizado no século XIII. Mas, então, os manuscritos copiados nos *scriptoria* carolíngios, a concepção das sete artes liberais do retor Martianus Cappella, do século V, retomada por Alcuíno, sua noção de *translatio studii* — de relevo para o Ocidente, e mais precisamente para a Gália, de Atenas e de Roma como berços da civilização —,

---

*Teólogo escolástico do século IX, natural da Escócia (ou da Irlanda), ensinou na escola do palácio de Carlos, o Calvo, rei de França e imperador do Ocidente, traduziu as obras de São Dionísio, o Areopagita, e deixou obras como *De praedistinatione* [*Sobre a predestinação*, do ano de 851] e *De divisione natura* [*Sobre a divisão da natureza*, 865]. Sua filosofia é mística, influenciada pelo neoplatonismo. (*N. do T.*)

todos esses tesouros acumulados serão repostos em circulação, despejados no cadinho das escolas urbanas, absorvidos, como a última camada de contribuição antiga, pelo renascimento do século XII.

MODERNIDADE DO SÉCULO XII: ANTIGOS E MODERNOS

Fazer o novo, serem homens novos — disso os intelectuais do século XII tiveram vivo sentimento. E haverá renascimento se não houver impressão de renascer? Pensemos nos renascentistas do século XVI, em Rabelais.

No próprio dizer deles, segundo seus escritos, a palavra *moderni* está de volta para designar os escritores de seu tempo. *Modernos*, isso é que eles são e sabem sê-lo. Mas modernos que absolutamente não contestam os antigos; ao contrário, imitam-nos, bebem dessa fonte, seguem as pegadas deles. *Não se passa das trevas da ignorância para a luz da ciência,* exclama Pierre de Blois, *a não ser que se releia com um amor sempre mais vivo as obras dos Antigos. Podem ladrar os cães, podem grunhir os porcos! Não diminuirei por isso minha admiração pelos Antigos. Deles serão sempre minhas preocupações e a aurora de cada dia vai me encontrar a estudá-los.*

Esse era o ensinamento básico dado em Chartres, um dos mais famosos centros escolares do século XII, por mestre Bernard, de acordo com a tradição recolhida por um aluno ilustre, João de Salisbury:

Quanto mais disciplinas se venha a conhecer, mais profundamente impregnado delas se vai ficar, mais plenamente se poderá aproveitar a exatidão dos autores (antigos) e mais claramente será possível ensinar. Esses autores, graças à *diácrise**, que podemos traduzir por* ilustração, *ou* coloração, *a partir da matéria bruta de uma história, de um tema, de uma fábula, com a ajuda de todas essas disciplinas e de uma grande arte da síntese e do modo de temperar, faziam da obra acabada uma imagem de todas as artes. Gramática e Poesia misturam-se intimamente e cobrem toda a extensão do assunto. Nesse domínio a Lógica, trazendo as cores da demonstração, infunde suas provas racionais no esplendor do ouro; a Retórica, pela persuasão e o brilho da eloquência, imita o fulgor da prata. A Matemática, puxada pelas rodas de sua quadriga, passa sobre as impressões das outras artes e nelas deixa com uma infinita variedade suas cores e seus encantos. A Física, tendo sondado os segredos da natureza, traz a contribuição do encanto múltiplo de suas nuanças. Enfim, o mais eminente de todos os ramos da Filosofia, a Ética, sem a qual não há filósofo nem mesmo só de nome, ultrapassa todas as outras pela dignidade que confere à obra. Esmiúce Virgílio ou Lucano e, qualquer que seja a filosofia que você professe, achará modo de acomodá-la aí. Nisso, de acordo com a capacidade do mestre e a habilidade e o zelo do aluno, consiste o proveito da leitura prévia dos autores antigos. É o método que seguia Bernard de Chartres**, a mais abundante fonte das disciplinas brilhantes na Gália dos tempos modernos...*

---

*O grego *diákrisis*, traduzido nesta frase do texto medieval, com liberdade declarada, por "ilustração" ou "coloração", ao pé da letra significa "separação". (*N. do T.*)

**Filósofo, morto entre 1124 e 1130. A partir de 1114 foi professor da "escola de Chartres", que chegou a dirigir. Foi mestre de Guillaume de Conches, outro filósofo daquela escola, que adiante será muitas vezes citado. A filosofia de Bernard de Chartres inspira-se diretamente em Platão, em particular no *Timeu*. Seu irmão, Thierry de Chartres, escreveu um comentário sobre o *Gênesis*, como se verá no subtítulo "O naturalismo chartriano", neste mesmo capítulo. (*N. do T.*)

Mas essa imitação não seria servilismo? Mais tarde ver-se-ão os problemas trazidos com a introdução, na cultura ocidental, de empréstimos antigos maldigeridos, mal-adaptados. Mas, no século XII, como tudo aquilo era novo!

Se esses mestres que são clérigos, que são bons cristãos, preferem como *textbook** Virgílio ao Eclesiastes, Platão a Santo Agostinho, não é apenas por estarem convencidos de que Virgílio e Platão são ricos em ensinamentos morais e de que por trás da casca há a medula (e haverá mais disso nas Escrituras ou nos Padres?), mas porque a *Eneida* e o *Timeu* para eles são obras antes de tudo *científicas* — escritas por sábios e próprias para serem objeto de ensino especializado, técnico, enquanto a Escritura e os Padres, que também podem ser ricos de matéria científica (o *Gênesis* não é obra de ciências naturais e de cosmologia, por exemplo?), o são apenas secundariamente. Os Antigos são *especialistas*, que encontram lugar mais adequado em um ensino *especializado* — o das *artes liberais*, das disciplinas escolares — do que os Padres ou a Escritura, que antes devem ser reservados à Teologia. O intelectual do século XII é um profissional, com seus materiais básicos, os antigos, com suas técnicas, a principal das quais é a imitação dos antigos.

Utilizados, entretanto, para ir mais longe, como os navios italianos utilizam o mar para ir às fontes orientais de riqueza.

Nesse sentido é que é preciso compreender a famosa frase de Bernard de Chartres que teve tamanha repercussão na Idade Média: *Somos anões carregados nos ombros de gigantes. Assim vemos mais, e vemos mais longe do que eles, não porque nossa visão seja mais aguda ou nossa estatura mais elevada, mas porque eles nos carregam no alto e nos levantam acima de sua altura gigantesca...*

---

*Em inglês no original. (N. do T.)

O sentido do progresso da cultura, é isso que a imagem célebre expressa. Simplesmente: o sentido do progresso da história. Na Alta Idade Média a história tinha parado. A Igreja que se tornara triunfante no Ocidente tinha conseguido isso. Oto de Freising, retomando a concepção agostiniana das duas cidades, declara: *a partir do momento em que não apenas todos os homens, mas até os imperadores, talvez com algumas exceções, são católicos, a impressão que me fica é de que escrevi a história não de duas cidades, mas por assim dizer de uma única, que chamo a Igreja.*

Falou-se da *vontade de ignorar o tempo* dos feudais — e com eles dos monges integrados nas estruturas feudais. Guizot, novo-rico com a vitória política da burguesia, também acreditará que a história chegou ao fim. Os intelectuais do século XII, nesse cenário urbano que se constrói, no qual tudo circula e muda, repõem em marcha a máquina da história e definem antes de tudo sua missão no tempo: *Veritas, filia temporis* ["Verdade, filha do tempo"], também é Bernard de Chartres que o diz.

A CONTRIBUIÇÃO GRECO-ÁRABE

Filha do tempo, a verdade também o é do espaço geográfico. As cidades são placas giratórias da circulação dos homens, responsáveis tanto pelas ideias como pelas mercadorias, são os pontos de troca, os mercados e as encruzilhadas do comércio intelectual. Nesse século XII em que o Ocidente quase só pode exportar matérias-primas — ainda que esteja nascendo o desenvolvimento têxtil —, os produtos raros, os objetos valiosos vêm do Oriente, de Bizâncio, de Damasco, de Bagdá, de Córdoba. Com as especiarias e a seda, os manuscritos trazem ao Ocidente cristão a cultura greco-árabe.

O árabe, na verdade, é um intermediário, numa instância inicial. As obras de Aristóteles, de Euclides, de Ptolomeu, de Hipócrates, de Galeno acompanharam no Oriente os cristãos heréticos — monofisitas e nestorianos — e os judeus perseguidos por Bizâncio, e por eles foram legadas às bibliotecas e escolas muçulmanas que as receberam em grande número. E ei-las agora, num périplo de volta, chegando às margens da cristandade ocidental. Muito secundário é o papel da produção cristã dos estados latinos do Oriente. Essa frente de encontro entre o Ocidente e o Islã é antes de tudo uma frente militar, de combate de armas, a frente das Cruzadas. Trocas de golpes, não de ideias e de livros. Raras são as obras filtradas através dessa frente de combate. Duas zonas principais de contato recebem os manuscritos orientais: a Itália e, mais ainda, a Espanha. Nesses dois casos, nem as instalações temporárias dos muçulmanos na Sicília e na Calábria, nem as ondas da *Reconquista** cristã impediram, nunca, as trocas pacíficas.

Os caçadores cristãos de manuscritos gregos e árabes chegam até Palermo, onde os reis normandos da Sicília, depois Frederico II com sua chancelaria trilíngue — grego, latim e árabe — animam a primeira corte italiana desse período de renascimento, e também até Toledo, reconquistada ao Infiel em 1087, onde sob a proteção do arcebispo Raimundo (1125-1151), os tradutores cristãos trabalham.

Os tradutores

Os tradutores: estes são os pioneiros desse Renascimento. O Ocidente não entende mais o grego. Abelardo o deplora e

---

*Em espanhol, e por isso mesmo já em grifo, no original. (*N. do T.*)

exorta as religiosas do Paráclito* a preencher essa lacuna, ultrapassando assim os homens no domínio da cultura. A língua científica é o latim. Originais árabes, versões árabes dos textos gregos, originais gregos são então traduzidos, seja por uma pessoa isolada, seja, é o caso mais frequente, por equipes. Os cristãos do Ocidente utilizam-se de assistentes espanhóis que viveram sob o domínio muçulmano, os moçárabes, como se utilizam de judeus e até de muçulmanos. Assim reúnem-se todas as competências. Uma das equipes é célebre: aquela formada pelo ilustre abade de Cluny, Pedro, o Venerável, para a tradução do Alcorão. Viajando pela Espanha, num roteiro de inspeção dos mosteiros clunistas, nascidos na esteira da *Reconquista*, Pedro, o Venerável, é o primeiro a conceber a ideia de combater os muçulmanos não no terreno militar mas no terreno intelectual. Para refutar-lhes a doutrina, é preciso conhecê-la — essa reflexão, que nos parece de simples evidência, é uma audácia nesse tempo de Cruzada.

Quer se dê ao erro maometano o nome vergonhoso de heresia, ou o de infâmia, de paganismo, é preciso agir contra ele, quer dizer, escrever. Mas os latinos e sobretudo os modernos, segundo a palavra dos judeus que admiravam outrora os apóstolos poliglotas, não sabem outra língua além daquela de seu país natal. Assim, não lhes é possível reconhecer a enormidade desse erro nem barrar-lhe o caminho. Meu coração também se inflamou e um fogo queimou-me durante minha meditação. Indignei-me de ver os latinos ignorarem a causa de tal perdição e sua ignorância tirar-lhes o poder de resistir a ela; porque ninguém dava resposta, ninguém sabia. Procurei então especialistas na língua árabe, que permitiu a esse veneno mortal infestar

---

*Abadia célebre fundada em 1129 por Abelardo, no departamento francês de Aube, que teve Heloísa como primeira abadessa. Dela resta hoje a cripta, onde os corpos de Abelardo e Heloísa estiveram enterrados até a Revolução Francesa. (N. do T.)

mais da metade do globo. Persuadi-os, à força de orações e de dinheiro, a traduzir do árabe para o latim a história e a doutrina desse infeliz e sua própria lei que se chama Alcorão. E, para que a fidelidade da tradução seja total e nenhum erro venha a falsear a plenitude de nossa compreensão, aos tradutores cristãos juntei um sarraceno. Eis os nomes dos cristãos: Robert de Ketten, Hermann, o Dálmata, e Pedro de Toledo; o sarraceno se chamava Mohamed. Essa equipe, depois de ter vasculhado de cabo a rabo as bibliotecas desse povo bárbaro, dela tirou um livro grosso que publicaram para os leitores latinos. Esse trabalho foi feito no ano em que estive em Espanha e onde tive uma entrevista com o senhor Afonso, imperador vitorioso das Espanhas, quer dizer, no ano do Senhor de 1142.

Tomado a título de exemplo, o empreendimento de Pedro, o Venerável, situa-se no âmbito do movimento de tradução de que nos ocupamos. Não é ao encontro do Islã que vão os tradutores cristãos da Espanha, mas ao encontro dos tratados científicos gregos e árabes. O abade de Cluny mostra a importância disso, pois oferecendo-lhes uma generosa retribuição é que pôde garantir para si o serviço de especialistas. Era preciso pagar-lhes para que abandonassem momentaneamente seu trabalho profissional.

Quais foram, no Ocidente, os representantes desse primeiro tipo de pesquisadores intelectuais especializados, que são os tradutores do século XII? Um Tiago de Veneza, um Burgúndio de Pisa, um Moisés de Bérgamo, um Leão Tuscus em Bizâncio e na Itália do Norte, um Aristipo de Palermo na Sicília, um Adelardo de Bath, um Platão de Tívoli, um Hermann, o Dálmata, um Hugo de Santala, um Gondisalvi, um Geraldo de Cremona, na Espanha.

A filosofia, e sobretudo as ciências, preenchem as lacunas deixadas na cultura ocidental pela herança latina. As matemáticas com Euclides, a astronomia com Ptolomeu, a medicina com Hipócrates e Galeno, a física, a lógica e a ética com Aristóteles, eis a imensa contribuição desses trabalhadores. E mais ainda talvez que a matéria, o método. A curiosidade, o raciocínio e toda a *Logica nova* de Aristóteles: as duas *Analíticas* (*priora et posteriora*), os *Tópicos*, os *Elenchi* (*Sophistici Elenchi*) que se acrescentam à *Logica vetus* — a Velha lógica — conhecida através de Boécio, ele também em plena retomada de força. Eis o choque, o estímulo, a lição que o helenismo antigo, ao fim desse longo périplo pelo Oriente e pela África, comunica ao Ocidente.

Acrescentemos a contribuição propriamente árabe. A aritmética com a álgebra de *Al Karismi* — à espera de que, nos primeiros anos do século XIII, Leonardo de Pisa dê a conhecer os algarismos ditos arábicos, na verdade indianos, mas vindos da Índia através dos árabes. A medicina com *Razi* — que os cristãos chamam de *Razés* — e sobretudo *Ibn Siná* ou *Avicena*, cuja enciclopédia médica ou *Cânon* seria o livro de cabeceira dos médicos ocidentais. Astrônomos, botânicos, agrônomos — e principalmente alquimistas, que transmitem aos latinos a pesquisa febril do elixir. A filosofia, afinal, que, a partir de Aristóteles, constrói poderosas sínteses com *Al Farabi* e *Avicena*. Com as obras, as próprias palavras para cifra [algarismo], zero, álgebra são dadas aos cristãos pelos árabes, ao mesmo tempo que lhes dão também o vocabulário do comércio: *duana, bazar, fonduco** (*fondacco*), *gabela, cheque* etc.

---

*A palavra não consta dos dicionários de língua portuguesa nem do *Vocabulário ortográfico*. Na *Enciclopédia Delta-Larousse* consta como *fonduk*, mera transcrição do árabe, mas não para o português, com esse *k* final, estranho à nossa língua. Pareceu-me mais sensato um aportuguesamento, como o original utiliza a transcrição francesa, *fondouk*. Em italiano, há uma forma *fondaco* (com um *c* apenas), para "loja". Pouco empregada, mas existe. Em francês, o sentido de *fondouk* restringe-se a realidades árabes: "entreposto no deserto", "albergue de caravanas", "caravançará" ou "caravançarai". (*N. do T.*)

Assim se explica a partida para a Itália, e sobretudo para a Espanha, de tantos sedentos de conhecimentos como esse inglês Daniel de Morley, que narra ao bispo de Norwich seu itinerário intelectual.

A paixão pelo estudo me levou para fora da Inglaterra. Fiquei algum tempo em Paris. Ali não vi mais do que selvagens instalados com uma grave autoridade em suas cátedras escolares, com dois ou três escabelos diante de si carregados de enormes obras reproduzindo as lições de Ulpiano com letras de ouro, com penas de chumbo na mão, com as quais pintavam gravemente sobre seus livros asteriscos e óbelos[1]. *Por sua ignorância mantinham-se constrangidos a uma postura de estátuas, mas pretendiam mostrar sua sabedoria pelo próprio silêncio. Quando tentavam abrir a boca, eu só ouvia balbucio de crianças. Compreendi a situação e refleti sobre os meios de fugir daqueles riscos e abraçar as "artes" que iluminam as escrituras mais do que as saudando de passagem ou escapando delas através de atalhos. Assim, como em nossos dias é em Toledo que o ensino dos árabes, que consiste inteiramente nas artes do quadrivium*[2], *chega às multidões, apressei-me em ir para lá a fim de ouvir as lições dos mais sábios filósofos do mundo. Amigos me chamaram e, convidado a ir para a Espanha, voltei à Inglaterra com uma preciosa quantidade de livros. Diziam-me que naquelas regiões o ensino das artes liberais era desconhecido, que Aristóteles e Platão lá andavam entregues ao mais profundo esquecimento em benefício de Tito e de Seio. Minha dor foi grande e, para não permanecer como único grego entre romanos, pus-me a caminho para achar um lugar onde florescesse esse ramo de estudos. Que ninguém se impressione com o fato de que eu, tratando da criação do*

---

[1] Sinais transversais com que se marcavam os erros.
[2] Quer dizer, as ciências.

mundo, invoque o testemunho não dos Padres da Igreja, mas de filósofos pagãos porque, ainda que não estejam incluídos entre os fiéis, algumas de suas palavras, desde que ditas cheias de fé, devem ser incorporadas ao nosso ensinamento. Também a nós, que nos libertamos misticamente do Egito, o Senhor nos ordenou que despojássemos os egípcios de seus tesouros para enriquecer os hebreus. Fizemos isso, então, de acordo com o mandamento do Senhor, e com a sua ajuda despojamos os filósofos pagãos de sua sabedoria e de sua eloquência, despojamos esses infiéis de modo a nos fortalecer com seus despojos na fidelidade.

Daniel de Morley só viu de Paris o aspecto tradicional, decadente, ultrapassado. Havia mais coisas em Paris no século XII.

A Espanha e a Itália não tinham tido senão um primeiro contato com o material greco-árabe, aquele trabalho de traduções que permitiria sua assimilação pelos intelectuais do Ocidente.

Os centros dessa incorporação à cultura cristã da contribuição oriental estão em outros lugares. Os mais importantes: Chartres, as vizinhanças de Paris, mais tradicionais, Laon, Reims, Orleãs, estão nessa zona de troca e de elaboração de produtos acabados em que se encontram o mundo do Norte e o mundo do Sul. Entre o Loire e o Reno, na própria região onde o grande comércio e o banco estão localizados, nas feiras de Champagne, elabora-se essa cultura que fará da França a primeira herdeira da Grécia e de Roma, como tinha previsto Alcuíno, como cantava Chrétien de Troyes.

PARIS: BABILÔNIA OU JERUSALÉM?

Dentre todos esses centros, Paris, favorecido pelo prestígio crescente da monarquia dos Capetos, é o mais brilhante.

Mestres e estudantes se comprimem todos os dias na Cité e em sua escola catedral, na Rive Gauche, onde gozam de uma enorme independência. Em torno de Saint-Julien-le-Pauvre, entre a rua da Boucherie e a rua de Garlande; mais a leste, em torno da escola de cônegos de Saint-Victor; ao sul, ao subir a Montanha — lá está, a coroá-la, com sua outra grande escola, o mosteiro de Sainte-Geneviève. Ao lado dos professores regulares* do Capítulo de Notre-Dame, cônegos de Saint-Victor e de Sainte-Geneviève, mestres mais independentes, os professores *agregés* que tinham recebido do monge encarregado, em nome do bispo, a *licentia docendi*, o direito de ensinar, atraem alunos e estudantes em número crescente a suas casas particulares ou aos claustros de Saint-Victor ou de Sainte-Geneviève que se abrem para eles. Paris deve sua fama primeiro à explosão do ensino teológico, que está no topo das disciplinas escolares, porém logo, mais ainda, ao ramo da filosofia que, usando plenamente a contribuição aristotélica e o recurso ao raciocínio, faz triunfar os métodos racionais do espírito: a dialética.

Assim Paris, na realidade e simbolicamente, torna-se para uns a cidade-farol, a fonte de toda a satisfação intelectual, e para outros o antro do diabo onde se misturam a perversidade dos espíritos conquistados pela depravação filosófica e as torpezas de uma vida voltada para o jogo, o vinho, as mulheres. A grande cidade é o lugar de perdição, Paris é a Babilônia moderna. São Bernardo brada aos mestres e aos estudantes de Paris: *Fugi do ambiente de Babilônia, fugi e salvai vossas almas. Ide todos juntos para a cidade do refúgio, onde podereis vos arrepender do passado, viver na graça*

---

*"Regulares" é uma referência a frades ou monges, isto é, religiosos (sacerdotes ligados a ordens religiosas e a suas "regras", donde o termo "regulares"), por oposição aos padres seculares. (*N. do T.*)

para o presente, e esperar com confiança o futuro (quer dizer, nos mosteiros). *Encontrarás bem mais nas florestas do que nos livros. Os bosques e as pedras ensinar-te-ão mais do que qualquer mestre**.

E este outro cisterciense, Pierre de Celle: *Ó Paris, como sabes arrebatar e frustrar as almas! Há em ti redes dos vícios, armadilhas dos males e flechas do inferno que perdem os corações inocentes... Feliz é a escola em que, ao contrário dessa, é o Cristo que ensina aos nossos corações a palavra de sua sabedoria, na qual sem trabalho nem curso aprendemos o método da vida eterna! Nela não compramos livro, não pagamos professor da arte de escrever, nela não há qualquer balbúrdia de disputas, nenhuma confusão de sofismas, nela é simples a solução de todos os problemas, nela se ensinam as razões de tudo.*

Assim, o partido da santa ignorância opõe a escola da solidão à escola do ruído, a escola do claustro à escola da cidade, a escola do Cristo àquela de Aristóteles e Hipócrates.

A oposição fundamental entre os novos clérigos e os meios monásticos cuja renovação encontra, no século XII, muito além da evolução do movimento beneditino ocidental, as tendências extremas do monaquismo primitivo, explode nesta exclamação do cisterciense Guillaume de Saint-Thierry, amigo íntimo de São Bernardo: *Os irmãos do Mont-Dieu! Eles trazem às trevas do Ocidente a luz do Oriente e aos rigores do frio das Gálias o fervor religioso do antigo Egito, a saber, a vida solitária, espelho do tipo de vida do céu.*

Assim, por um curioso paradoxo, no momento em que os intelectuais urbanos bebem na fonte da cultura greco-árabe o

---

*Note-se que o trecho de São Bernardo começa tratando os mestres e estudantes na segunda pessoa do plural. Depois, São Bernardo muda o tratamento para a segunda do singular, talvez buscando, na sequência, uma intimidade maior com aqueles aos quais se dirige. (N. do T.)

fermento do espírito e dos métodos de pensamento que vão caracterizar o Ocidente e fazer sua força intelectual — a clareza do raciocínio, o cuidado da exatidão científica, a fé e a inteligência apoiadas uma na outra —, nesse momento o espiritualismo monástico reclama, no coração do Ocidente, a volta ao misticismo do Oriente. Momento capital: os intelectuais das cidades vão afastar o Ocidente das miragens de uma outra Ásia e de uma outra África: as da floresta e do deserto místicos.

Mas o próprio movimento de retirada dos monges desobstrui o caminho para o impulso das novas escolas. O concílio de Reims de 1131 proíbe aos monges o exercício da medicina fora dos conventos: Hipócrates tem campo livre.

Os clérigos parisienses não escutaram São Bernardo. João de Salisbury escreve a Tomás Becket em 1164: *Dei uma volta por Paris. Quando lá vi a abundância de víveres, a alegria das pessoas, a consideração de que gozam os clérigos, a majestade e a glória da Igreja como um todo, as diversas atividades dos filósofos, acreditei ver cheio de admiração a escada de Jacó cujo ponto mais alto tocava o céu com anjos a subir e a descer. Entusiasmado por essa peregrinação feliz devo confessar: o Senhor está aqui e eu não sabia. E esta palavra do poeta me veio ao espírito: Feliz exílio o que tem esse lugar por morada.* E o abade Philippe de Harvengt, consciente do enriquecimento que traz o ensino urbano, escreve a um jovem discípulo: *Levado pelo amor da ciência, eis que estás em Paris e encontraste essa Jerusalém que tanto desejam. É a morada de Davi... do sábio Salomão. Um tal aglomerado, uma tal multidão de clérigos aí se comprime que eles estão prestes a ultrapassar a numerosa população dos leigos. Cidade feliz onde os santos livros são lidos com tanto zelo, onde seus mistérios complicados são resolvidos graças aos dons do Espírito Santo, onde há tantos professores eminentes, onde existe a ciência teológica a um ponto tal que se poderia chamá-la a cidade das brilhantes disciplinas!*

Os goliardos

Nesse concerto de louvores a Paris uma voz se eleva com vigor singular. A de um grupo estranho de intelectuais: os goliardos. Para eles, Paris é o *Paraíso na terra, a rosa do mundo, o bálsamo do Universo.*
Paradisius mundi Parisius, mundi rosa, balsamum orbis ["Em Paris o paraíso do mundo, a rosa do mundo, o bálsamo da terra."]. Quem são esses goliardos? Tudo age no sentido de nos esconder essa figura. O anonimato que cobre a maior parte deles, as lendas que de modo complacente criam sobre eles próprios e as que — entre muitas calúnias e maledicências — são espalhadas por seus inimigos, e ainda as forjadas por eruditos e historiadores modernos, induzidos ao erro por falsas semelhanças, cegos pelos prejulgamentos. Alguns retomam as condenações dos concílios e dos sínodos e de certos escritores eclesiásticos dos séculos XII e XIII. Esses clérigos goliárdicos ou errantes são tratados como vagabundos, lascivos, jograis, bufões. Foram tratados como boêmios, pseudoestudantes, vistos ora com um olhar de ternura — dá-se sempre um certo desconto à mocidade — ora com temor e desprezo: arruaceiros, desafiadores da Ordem, não seriam pessoas perigosas? Outros, ao contrário, veem neles *uma espécie de intelligentsia urbana*, um meio revolucionário, aberto a todas as formas de oposição declarada ao feudalismo. Onde fica a verdade?

Se ignorarmos a origem do próprio termo goliardo — descartadas as etimologias fantasistas que o dão como derivado de Golias, encarnação do diabo, *inimigo de Deus*, ou de *gula*, a goela, para fazer de seus discípulos *glutões* e *bons de goela*, uma vez reconhecida a impossibilidade de identificar um Golias* histórico fundador de uma ordem da qual os goliardos teriam sido membros —, restam-nos alguns retalhos biográficos de alguns goliardos, coletâneas de poesias dadas como de autoria deles (individual ou coletiva, *carmina burana*), e os textos contemporâneos que os condenam ou denigrem.

A VAGABUNDAGEM INTELECTUAL

Que eles tenham constituído um meio no qual a crítica da sociedade estabelecida se desenvolvesse com prazer, não há dúvida alguma. De origem urbana, camponesa ou até nobre, antes de tudo são errantes, representantes típicos de uma época em que o desenvolvimento demográfico, o despertar do comércio, a construção das cidades levam as estruturas feudais à implosão, lançando nas estradas e reunindo em suas encruzilhadas, que são as cidades, deslocados, audaciosos e infelizes. Os goliardos são o produto dessa mobilidade social característica do século XII. Excluídos das estruturas estabelecidas, representam o maior escândalo para os espíritos tradicionais. A Alta Idade Média esforçava-se para situar cada um no seu lugar, na sua ocupação, na sua ordem, na sua condição. Os goliardos são fugitivos. Fugitivos sem recursos, formam nas escolas urbanas aqueles grupos de estudantes pobres

---

*Na primeira vez em que o nome é citado neste mesmo parágrafo, vem grafado como "Goliath", grafia normal em francês. Mas nesta segunda citação, sem qualquer esclarecimento quanto à alteração na grafia, encontramos "Golias", forma que não consta das enciclopédias e dicionários franceses consultados. Fica aí, entretanto, a observação, em busca de esclarecimento. (*N. do T.*)

que vivem de expediente, tornam-se criados domésticos dos condiscípulos afortunados ou vivem de mendicância, porque, como disse Everardo, o Alemão: *Se Paris é um paraíso para os ricos, para os pobres é um pântano ávido de vítimas*, e chora a *Parisiana fames*, a fome dos pobres estudantes parisienses.

Alguns, para ganhar a vida, tornam-se jograis ou bufões, por isso também são frequentemente tratados de jograis. Mas é preciso pensar também no fato de que *joculator*, ou *jogral*, é, na época, o epíteto com que são classificadas todas as pessoas consideradas perigosas que se quer separar da sociedade. Um *joculator* é "um vermelho", um rebelde...

Esses estudantes pobres que não se ligam a nenhum domicílio fixo, não dispõem de nenhuma prebenda, nenhum benefício, partem assim para a aventura intelectual, seguindo o mestre que lhes agrada, buscando aqueles que estão na moda, recolhendo de cidade em cidade migalhas de seus ensinamentos nelas ministrado. Constituem o corpo dessa vagabundagem escolar tão característica, ela também, desse século XII. Contribuem para lhe dar seu jeito aventuroso, impulsivo, atrevido. Mas não constituem uma classe. De origem diversa, têm ambições diversas. Sem dúvida, preferiram o estudo à guerra. Mas seus irmãos vão engrossar os exércitos, as tropas das Cruzadas, tornam-se saqueadores ao longo dos caminhos da Europa e da Ásia, vão pilhar Constantinopla. Se todos os criticam, alguns, muitos talvez, sonham tornar-se de alguma forma um desses que eles criticam. Se Hugo de Orleãs, dito o Primaz, que ensina com sucesso em Orleãs e em Paris, e ganha uma reputação de irônico da qual saiu o *Primasso*, do *Decamerão*, parece ter levado permanentemente uma vida com pouco dinheiro e conservado um espírito sempre alerta, o Arquipoeta de Colônia vive à custa de Reginald de Dassel, prelado alemão que foi arquichanceler de Frederico Barba-Roxa, o qual ele cumula de bajulações. Serlon de Wilton ligou-se ao partido da rainha Matilde de Inglaterra e, arrependido, voltou a Cister. Gautier de Lille viveu na corte de Henrique II Plantageneta, depois à sombra de um arcebispo de Reims e morreu cônego. O sonho deles é um mecenas generoso, uma gorda prebenda, vida folgada e feliz. Querem antes, parece, tornar-se os novos beneficiários de uma ordem social do que mudá-la.

O IMORALISMO

Entretanto, os temas de suas poesias criticam asperamente essa sociedade. É difícil recusar a muitos o caráter revolucionário que revelam. O jogo, o vinho, o amor: eis a trilogia que basicamente cantam — que provocou a indignação das almas piedosas de seu tempo, porém inclinou mais à indulgência os historiadores modernos.

Sou coisa leve,
Como a folha da qual zomba o furacão.

...

Como o batel vogando sem piloto,
Como um pássaro errante pelos caminhos do ar,
Não me fixam nem a tinta nem as cordas.

...

A beleza das moças feriu meu peito.
As que não posso tocar, eu as possuo de coração.

...

Criticam-me em segundo lugar pelo jogo. Mas assim que o jogo
Me deixou nu e de corpo frio, meu espírito se aquece.

É então que minha musa compõe minhas melhores canções.
Em terceiro lugar falemos do cabaré.

...
Quero morrer na taverna
Onde os vinhos estejam próximos da boca do moribundo,
Depois os coros dos Anjos descerão cantando:
"Deus seja clemente com esse bom bebedor."

Eis que parece anódino e apenas se anuncia, gênio no mínimo, Villon. Estejamos atentos; o poema tem traços agudos:

Plus avide de volupté que de salut éternel,
L'âme morte, je ne me soucie que de la chaire.
...
Qu'il est dur dompter la nature!
Et, à la vue d'une belle, de rester pure d'esprit.
Les jeunes ne peuvent suivre une loi si dure
Et n'avoir cure de leur corps dispos.*

Acaso seria temerário reconhecer aqui, nesse imoralismo provocador, nesse elogio do erotismo — que, entre os goliardos, chega frequentemente à obscenidade — o esboço de uma moral natural, a negação dos ensinamentos da Igreja e da moral tradicional? Não pertenceriam os goliardos à grande família dos libertinos que, muito além da liberdade dos costumes e da liberdade da linguagem, têm como objetivo a liberdade do espírito?

---
*"Mais ávido de volúpia que de salvação eterna,/A alma morta, preocupo-me apenas com a carne.//Como é duro domar a natureza!/E, diante de uma linda moça, permanecer puro de espírito./Os jovens não podem seguir uma lei tão dura/E ignorar o seu corpo saudável."

Na imagem da Roda da Fortuna que passa e repassa na poesia dos clérigos errantes, há mais do que um tema poético; e sem dúvida mais do que aquilo que viram seus contemporâneos, que a representavam sem malícia, ou pelo menos sem segundas intenções, nas catedrais. Entretanto, a Roda da Fortuna que gira e preside a um eterno retorno, o Acaso cego que transtorna os sucessos não são temas revolucionários em sua essência: eles negam o progresso, recusam-se a ver um sentido na História. Podem invocar um transtorno da sociedade, mas na medida mesmo em que levam a isso, os dias seguintes perdem o interesse. Daí vem, precisamente, o gosto que parecem ter por esses temas — de revolta, senão de revolução — os goliardos que os cantaram em suas poesias e o representaram em suas miniaturas.

A CRÍTICA DA SOCIEDADE

É significativo que a poesia goliárdica critique — muito antes que isso se tornasse um lugar-comum da literatura burguesa — todos os representantes da ordem da Alta Idade Média: o eclesiástico, o nobre, até mesmo o camponês.

Na Igreja os goliardos tomam por alvos favoritos os que social, política e ideologicamente estão mais ligados às estruturas da sociedade: o papa, o bispo, o monge.

A inspiração antipontifícia e antirromana dos goliardos mistura-se sem se confundir com duas outras correntes: a corrente gibelina, que ataca sobretudo as pretensões temporais do papado e apoia o partido do Império contra o do Sacerdócio; a corrente moralizadora, que critica no pontífice e na corte de Roma os compromissos com o século, o luxo, o gosto do dinheiro. Certamente houve goliardos no partido imperial — como o *Arquipoeta* de Colônia — e a poesia goliárdica está frequentemente na origem das sátiras antipontifícias, mesmo quando estas se contentam em retomar um tema tornado tradicional e tantas vezes vazio de sua contundência. Mas, pelo tom e o espírito, os goliardos se distinguem muito claramente dos gibelinos. No pontífice romano e nos que o rodeiam, o objetivo deles é criticar o chefe e os fiadores de uma ordem social, política, ideológica; melhor mesmo, de toda uma ordem social hierarquizada, porque, mais que revolucionários, os goliardos são anarquistas. No momento em que o papado, desde a reforma gregoriana, busca se desligar das estruturas feudais e se apoiar no novo poder do dinheiro ao lado do antigo poder da terra, os goliardos denunciam essa nova orientação, sem deixar de atacar a antiga tradição.

Gregório VII tinha declarado: *O Senhor não disse: meu nome é Costume*. Os goliardos acusam seus sucessores de levarem o Senhor a dizer: *Meu nome é Dinheiro*:

INÍCIO DO SANTO EVANGELHO SEGUNDO O SIGNO DO DINHEIRO. Naquele tempo, o Papa disse aos Romanos: "Quando o filho do homem vier ao Trono de nossa Majestade, pergunte a ele em primeiro lugar: 'Amigo! Por que vieste?' E se ele continuar a provocar admiração sem nada lhe dar, que seja lançado às trevas exteriores." Aconteceu que um pobre clérigo veio à Corte do Senhor Papa e suplicou, dizendo: "Tende piedade de mim, porteiros do Papa, pois fui tocado pela mão da pobreza. Sou pobre e indigente. Por isso vos imploro, vinde em ajuda de meu desespero e de minha miséria." Aqueles, tendo-o ouvido, ficaram indignados e disseram: "Amigo! Que tua pobreza esteja contigo para tua perdição! Vai-te, Satã, nada sabes do que pode o dinheiro. Amém, Amém! Digo-te: Não entrarás na alegria do Senhor antes de ter dado teu último escudo." E o pobre se foi, vendeu seu casaco, sua túnica e tudo que tinha, e deu o dinheiro aos cardeais, aos porteiros e aos camareiros. Mas aqueles disseram: "Que vale isso para tanta gente?" E ficaram a olhá-lo na porta. E, expulso, ele chorou amargamente, sem encontrar consolação.

Depois disso foi à Corte um clérigo rico, gordo e enxundioso, exibido, que tinha cometido um homicídio durante uma sedição. Foi dando tudo primeiro ao porteiro, depois ao camareiro, em terceiro lugar aos cardeais. E estes resolveram entre si aproveitar melhor a situação.

O Senhor Papa, tendo sabido que os cardeais e os oficiais tinham recebido dinheiro desse clérigo de tantas dádivas, caiu gravemente doente. Mas o rico enviou-lhe um remédio de ouro e prata, e o Papa rapidamente se curou. Então o Senhor Papa convocou seus oficiais e lhes disse: "Irmãos, atentai para que ninguém vos seduza com vãs palavras. Eu vos dou o exemplo. Como eu consigo, conseguireis também[1].*"*

De comprometido com a nobreza, o clero passa agora a se comprometer com os baixos comerciantes. A Igreja que tinha urrado contra os feudais, late agora contra os mercadores. Os goliardos, intérpretes desse grupo de intelectuais que busca promover, no quadro urbano, uma cultura leiga, estigmatiza essa evolução:

*A ordem do clero
cai no desprezo do leigo;
a noiva do Cristo torna-se venal,
de dama, torna-se mulher pública.*

(Sponsa Christi fit mercalis, generosa generalis.*)

---

[1]Tradução de O. Dobiache-Rojdesvensky [para o francês, provavelmente do latim medieval, o Autor não especifica].
*O último verso, em latim, quebra a sequência original do francês. Terá provavelmente alguma particularidade especial, talvez esteja fora do contexto, porque até graficamente é diferente. Uma tradução possível seria: "A Esposa de Cristo torna-se negociável, generosa universal". (N. do T.)

O frágil papel do dinheiro na Alta Idade Média limitava a simonia. Sua importância crescente leva à generalização.

O bestiário satírico dos goliardos, no espírito do romance grotesco, desenvolve uma linha de eclesiásticos metamorfoseados em animais e faz surgir no frontão da sociedade um mundo de carrancas clericais. O Papa-leão devora tudo, o bispo-bezerro, pastor-glutão, pasta a erva antes de suas ovelhas; seu arquidiácono é um lince que denuncia a presa, seu deão, um cão de caça que, com a ajuda dos oficiais, caçadores a serviço do bispo, estende as redes e abate as presas. Essa é a "Regra do Jogo" segundo a literatura goliárdica.

Se o pároco, considerado vítima da hierarquia e confrade em miséria e em exploração, é em geral poupado pelos goliardos, o monge é violentamente acusado. Há mais nesses ataques do que as brincadeiras, tradicionais, sobre seus maus costumes: gula, preguiça, devassidão. Há o espírito secular — próximo do espírito leigo — denunciador dos monges como concorrentes que arrancam dos pobres párocos prebendas, penitentes, fiéis. Reencontrar-se-á no século seguinte essa querela em estado agudo nas Universidades. Há mais ainda, há a rejeição de toda uma parte do cristianismo: contra aquele que quer se separar do século, que se recusa a aceitar a terra, que abraça a solidão, o ascetismo, a pobreza, a continência, que abraça a própria ignorância considerada como renúncia aos bens do espírito. Dois tipos de vida: o confronto levado ao extremo entre vida ativa e vida contemplativa, o paraíso preparado na terra diante da salvação apaixonadamente procurada fora do mundo; eis o que está no fundo do antagonismo entre o monge e o goliardo, e que faz deste o precursor do humanista do Renascimento. O poeta do *Deus pater, adiuva* ["Deus pai, ajuda"], que desvia um jovem clérigo da vida monástica, anuncia os ataques de um Valla* contra a *gens cucullata* — *a raça de capuz*.**

Homem das cidades, o goliardo manifesta também seu desprezo pelo mundo rural e detesta o camponês grosseiro, encarnação desse mundo, tipo que ele estigmatiza na célebre *Declinação do boçal*:

>*esse plebeu*
>*desse boçal*
>*para esse tferfero*[1]
>*esse ladrão*
>*ó salteador!*
>*por esse pilhador*
>
>*esses malditos*
>*desses miseráveis*
>*para esses mentirosos*
>*esses patifes*
>*ó detestáveis!*
>*por esses infiéis.****

---

*Laurentius Valla (latinização do nome original, Lorenzo della Valla), humanista italiano (Roma 1407-1457). Filólogo erudito, filósofo, homem mordaz e de ideias ousadas, foi um dos primeiros pensadores do Renascimento a tentar conciliar a sabedoria antiga com a fé cristã. Negou o poder temporal do papa. Sua obra é tida como precursora da de Erasmo. (N. do T.)

**Cucullatus* é aquele que usa capuz, em latim *cucullus*. Quer dizer, os frades, ou monges. Mas ressalve-se que os cartuxos, em particular, usavam o termo para referir-se a seu escapulário. (N. do T.)

[1] Para esse diabo (*Teufel*).

***Vê-se que a "declinação", em cada estrofe, está na ordem habitual encontrada nas gramáticas latinas de modo geral: nominativo, genitivo, dativo, acusativo, vocativo e ablativo. (N. do T.)

O nobre, afinal, é seu último alvo. O goliardo recusa-lhe seu privilégio de nascimento.

> *O nobre é aquele a quem a virtude enobreceu;*
> *O degenerado é aquele a quem nenhuma*
> *virtude conseguiu enriquecer.*

À antiga ordem, opõe ele uma ordem nova baseada no mérito.

> *A nobreza do homem é o espírito, imagem da divindidade,*
> *A nobreza do homem é a linhagem ilustre das virtudes,*
> *A nobreza do homem é o autodomínio,*
> *A nobreza do homem é a promoção dos humildes,*
> *A nobreza do homem são seus direitos naturais,*
> *A nobreza do homem é não temer senão a torpeza.*

No nobre, o goliardo detesta também o militar, o soldado. Para o intelectual urbano, as batalhas do espírito, as justas da dialética substituíram pela dignidade as proezas militares e as façanhas guerreiras. O Arquipoeta de Colônia fala de sua repulsa em relação ao ofício das armas (*me terruit labor militaris*), como Abelardo, que foi um dos maiores poetas goliárdicos, em obras que eram recitadas e cantadas na Montanha de Sainte-Geneviève como cantarolamos hoje as canções da moda — obras que infelizmente se perderam.

Talvez num domínio de singular interesse para o sociólogo é que se expresse melhor o antagonismo nobre-soldado e intelectual-novo estilo: as relações entre os sexos. No fundo do famoso debate entre o Clérigo e o Cavaleiro, que tantos poemas inspirou, há a rivalidade de dois grupos sociais diante da mulher. Os goliardos creem que o melhor modo de expressar sua superioridade frente aos feudais é vangloriar-se dos favores de que gozam junto às mulheres. Elas nos preferem, o clérigo é melhor no fazer o amor do que o cavaleiro. Nessa afirmação, o sociólogo deve ver a expressão privilegiada de uma luta de grupos sociais.

Na *Canção de Phyllis e Flora*, em que uma ama um clérigo e outra um cavaleiro (*miles*), a experiência leva as heroínas a concluir, em uma sentença que imita os tratados de amor das cortes:

> De acordo com a ciência
> De acordo com os usos
> O clérigo, para o amor, revela-se
> Mais apto que o cavaleiro.

Apesar de sua importância, os goliardos foram empurrados para as margens do movimento intelectual. Sem dúvida lançaram temas para o futuro, que se abrandaram no curso de seu longo destino; representaram da maneira mais viva um meio ávido de se libertar; legaram ao século seguinte um punhado de ideias de moral natural, de libertinagem dos costumes ou do espírito, de crítica da sociedade religiosa que serão retomadas pelos universitários, como serão retomadas na poesia de Rutebeuf, no *Romance da rosa* de Jean de Meung, em algumas das proposições condenadas em Paris em 1277. Mas desapareceram com o século XIII. As perseguições e as condenações os atingiram, suas próprias tendências a uma crítica puramente destrutiva não lhes permitiram achar seu lugar no canteiro universitário, do qual desertavam às vezes para aproveitar ocasiões de vida fácil ou abandonar-se à vagabundagem. Também foram prejudicados pela fixação do movimento intelectual em centros organizados:

as Universidades, afinal, fizeram desaparecer essa raça de errantes.

Abelardo

Se foi goliardo, Pedro Abelardo, glória do meio parisiense, significou muito mais e trouxe contribuição bem maior. Primeira grande figura de intelectual moderno — nos limites da modernidade do século XII —, Abelardo foi o primeiro *professor*.

A carreira, sobretudo, é impressionante, bem na medida do homem. Esse bretão das redondezas de Nantes, nascido em Pallet em 1079, pertence à pequena nobreza cuja vida se torna difícil com o início da economia monetária. Com alegria, Abelardo deixa para os irmãos o ofício das armas e se dedica aos estudos.

Se renuncia, porém, às armas do guerreiro é para entregar-se a outros combates. Sempre batalhador, será, segundo a palavra de Paul Vignaux, *o cavaleiro da dialética*. Sempre agitado, sente-se bem por toda parte onde há um combate a que possa se entregar. Sempre animador de ideias, por onde passa provoca o nascimento de discussões apaixonadas.

Essa cruzada intelectual o leva fatalmente a Paris. Aí é que ele revela um outro traço de seu caráter: a necessidade de demolir os ídolos. A confiança em si, que ele declara — *de me presumens*, escreve ele com naturalidade, o que não significa *tendo-me em alta conta*, mas *tomando consciência do meu valor* —, leva-o a criticar o mais ilustre dos mestres parisienses, Guillaume de Champeaux. Abelardo o provoca, deixa-o acuado com seus apartes, faz com que o auditório fique do seu lado. Guillaume força, então, o seu afastamento. Mas é tarde demais para abafar esse jovem talento. Ele se tornou um mestre. As pessoas o seguem para ouvi-lo em Melun, depois em Corbeil, onde ele mantém escola. O corpo de repente se fragiliza nesse homem que só vive para a inteligência. Doente, tem de se retirar durante alguns anos na Bretanha.

Restabelecido, Abelardo vai reencontrar seu velho inimigo Guillaume de Champeaux, em Paris. Novos combates. Guillaume, abalado, altera sua doutrina levando em conta as críticas de seu jovem oponente. Longe de se dar por satisfeito, Abelardo volta à carga e vai tão longe que de novo tem de bater em retirada para Melun. Mas a vitória de Guillaume é uma derrota. Todos os seus alunos o abandonaram. O velho mestre vencido renuncia ao ensino. Abelardo volta como triunfador e se estabelece nos próprios lugares para os quais seu velho adversário se tinha retirado: a Montanha de Sainte-Geneviève. A sorte está lançada. A cultura parisiense terá como centro para sempre não a *île de la Cité*, mas a Montanha, a *Rive Gauche*: desta vez, um homem fixou o destino de um bairro.

Abelardo sente o fato de não ter mais adversários à sua altura. Sendo um lógico, irrita-se, quanto ao mais, por ver situados os teólogos acima de todos. Faz, então, um juramento: também será teólogo. Torna-se estudante e mergulha, em Laon, nas lições do mais ilustre teólogo da época, Anselmo*. A glória de Anselmo não se mantém por muito tempo diante da paixão iconoclasta do fervoroso antitradicionalista.

---

*A referência é a Anselmo de Laon (1050-1117), conhecido como o Escolástico, que ensinou em Paris e depois dirigiu por vinte anos a célebre escola de Laon, pela qual passaram Guillaume de Champeaux e Abelardo, que não gostava dele (como se vê pela frase seguinte do texto) e o chamava de *fumus sine flamma* (fumaça sem fogo). Não confundir esse Anselmo de Laon com Santo Anselmo, beneditino que foi abade de Sainte-Marie-du Bec, na Normandia, e arcebispo de Cantuária. Santo Anselmo (1033-1109), teólogo também e contemporâneo de Anselmo de Laon, nada tem, entretanto, com este último. Santo Anselmo é citado pelo Autor mais adiante, no subtítulo "O humanista" (referência a Abelardo). (*N. do T.*)

Aproximei-me então desse ancião que devia sua reputação mais à sua idade avançada* do que a seu talento ou à sua cultura. Todos que o abordavam para saber sua opinião sobre um assunto a respeito do qual tinham dúvida saíam com mais dúvida ainda. Se o auditório se contentasse em ouvi-lo, ele parecia admirável, mas se ele fosse questionado revelava-se nulo. Para o palavrório ele era admirável, para a inteligência, desprezível, pelo vazio da razão. Sua chama enfumaçava a casa em vez de clareá-la. De longe sua árvore de grande folhagem atraía os olhos, mas, olhando-o de mais perto e com mais atenção, percebia-se que não tinha frutos. Quando me aproximei dele para colher seu fruto, vi que ele se parecia com a figueira que o Senhor amaldiçoou** ou com aquele velho carvalho que Lucano compara com Pompeu

*Ele se mantém à sombra de um grande nome,
Como um carvalho soberbo no meio dos campos.*

Esclarecido, não perdi meu tempo na sua escola.

Desafia-se Abelardo a mostrar valor igual. Ele aceita o desafio. Dele se diz que conhece a fundo a filosofia, mas ignora a teologia. Ele replica que o mesmo método serve para as duas. Invoca-se sua inexperiência. *Respondi que não era meu hábito valer-me da prática da tradição, mas dos recursos de meu espírito.* Improvisa, então, um comentário sobre as profecias de Ezequiel que entusiasma seus ouvintes. Disputam-se as notas tomadas nessa conferência para recopiá-las. Um pú-

---

*Como se viu pela nota anterior, Anselmo morreu com 67 anos, que atualmente não chega a ser considerada idade assim tão avançada. Um professor de pouco mais de 60 anos jamais seria chamado pelos alunos, hoje, de "ancião". (*N. do T.*)
**Abelardo se refere à passagem sobre a figueira sem frutos que está no capítulo 21 de Mateus e no capítulo 11 de Marcos. (*N. do T.*)

blico ampliado o força a continuar seu comentário. Ele volta a Paris para prosseguir nessa tarefa.

Heloísa

É a glória — interrompida brutalmente em 1118 pela aventura com Heloísa. Conhecemos esse episódio em detalhes graças a essa extraordinária autobiografia que é a *Historia calamitatum* — a *História de minhas infelicidades* —, essas *Confissões* precoces.

Tudo começa como nas *Ligações perigosas**. Abelardo não é um devasso. Mas o demônio da idade madura** assalta esse homem que, com 39 anos, só conhecera do amor os livros de Ovídio e as canções que havia composto — por espírito goliárdico e não a partir da experiência. Estava no auge da glória e do orgulho. Confessa: *Acreditava que eu fosse o único filósofo do mundo...* Heloísa é uma conquista a acrescentar às conquistas da inteligência. E é principalmente um caso de paixão tanto quanto de sensualidade. Abelardo toma conhecimento da existência da sobrinha de um confrade, o cônego Fulbert: a moça tem 17 anos, é bonita, e tão culta que sua sabedoria já é célebre em toda a França. É a mulher

---
*O Autor se refere ao romance de Choderlos de Laclos (*As ligações perigosas*, 1782), sequência de perversões amorosas e corrupção de sentimentos, cujas personagens centrais são a marquesa de Merteuil e o conde de Valmont. (N. do T.)

**No original, *démon de midi*, referência tanto à expressão bíblica *demonium meridianum* de que fala o salmista em alusão às tentações demoníacas que atacam o homem "ao meio-dia" (isto é, no meio da vida, quer dizer, o quarentão, pouco mais ou menos), quanto ao romance de Paul Bourget, *Le démon du midi* (1914). O romance mostra a devastação que o amor traz à alma e ao destino de um homem de 40 anos que deixa de pautar sua conduta pelos princípios que até então seguira, atormentado por esse demônio da idade madura. (N. do T.)

perfeita para ele. Uma estúpida não seria tolerada por ele absolutamente. Agradava-lhe que ela fosse bem-criada. Questão de gosto e de prestígio. Friamente, elabora um plano que vinga para além de toda esperança. O cônego confia-lhe a jovem Heloísa como aluna, não escondendo da sobrinha seu orgulho por ter-lhe dado tal mestre. Quando se fala de salário, Abelardo facilmente aceita do ecônomo Fulbert um pagamento módico: casa e comida. O diabo ronda. Entre o mestre e a aluna é o amor à primeira vista: comércio intelectual, sem demora comércio carnal. Abelardo deixa de ensinar, abandona seus trabalhos, está com o diabo no corpo. A aventura é duradoura, aprofunda-se. O amor nasceu, não vai acabar mais. Vai resistir aos infortúnios, depois ao drama.

Primeiro infortúnio: os amantes são surpreendidos. Abelardo tem de deixar a casa do anfitrião enganado. Eles se encontram em outros lugares. De secretas, suas relações se tornam públicas. Mas eles se amam para além do escândalo.

Segundo infortúnio: Heloísa está grávida. Abelardo aproveita-se de uma ausência de Fulbert e leva Heloísa em fuga para a casa da irmã dele, na Bretanha. Heloísa, lá, põe no mundo um menino que é ridicularizado com o prenome de Astrolábio. Eis o perigo que é ser filho de um casal de intelectuais...

Terceiro infortúnio: o problema do casamento. Abelardo, arrasado, vai a Fulbert oferecer-se para reparar sua atitude casando-se com Heloísa. Em seu admirável estudo sobre o casal célebre, Etienne Gilson mostrou que a repugnância de Abelardo não se prende à sua qualidade de clérigo. Simples tonsurado*, canonicamente ele pode se casar. Mas teme que,

---

*Trata-se apenas do primeiro grau do clericato, quando se recebe a tonsura, corte circular de cabelo no ponto mais alto da cabeça. O candidato ainda não é um sacerdote, o que só acontecerá no último grau, quando receber o sacramento da ordem. (N. do T.)

casando-se, comprometa sua carreira profissional, e se torne objeto de chacota do mundo dos colégios.

A MULHER E O CASAMENTO NO SÉCULO XII

No século XII existe verdadeiramente uma forte corrente antimatrimonial. No exato momento em que a mulher se liberta, em que não é mais considerada uma propriedade do homem ou uma máquina de fazer filhos, em que não se pergunta mais se ela tem uma alma — é o século do rápido desenvolvimento marial no Ocidente —, o casamento é objeto de descrédito, tanto nos meios nobres (o amor nas cortes, carnal ou espiritual, só existe fora do casamento: encarna-se em Tristão e Isolda, Lancelote e Genoveva) como nos meios dos colégios, nos quais se cria uma autêntica teoria do amor natural, que poderá ser encontrada novamente no *Romance da rosa* de Jean de Meung, no século seguinte.

Presença da mulher portanto; e a aparição de Heloísa ao lado de Abelardo é um episódio que se introduz no movimento, apoiado pelos goliardos, que reivindica para os clérigos, sem exclusão dos sacerdotes, os prazeres da carne, ao mesmo tempo que manifesta com estardalhaço um aspecto do novo rosto do intelectual do século XII. O intelectual recusa tudo que aos seus olhos pareça diminuição de si. Tem necessidade da mulher ao seu lado para completar-se. Os goliardos, com a liberdade de seu vocabulário, destacam citações dos dois Testamentos que mostram o homem e a mulher dotados de órgãos cujo uso não deve ser desprezado. Dispensemo-nos da lembrança de graças libertinas e duvidosas, e pensemos nesse clima, nessa psicologia, para sentir melhor o alcance do drama que vai explodir; para compreender melhor os sentimentos de Abelardo.

São os sentimentos de Heloísa que primeiro se expressam. Numa carta surpreendente ela incita Abelardo a renunciar à ideia do casamento. Evoca a imagem do casal de intelectuais pobres que formariam: *Não poderás*, diz ela, *ocupar-te com o mesmo cuidado de uma esposa e da filosofia. Como conciliar os cursos escolares e as empregadas, as bibliotecas e os berços, os livros e as rocas, as penas e os bilros? O que deve te absorver nas meditações teológicas ou filosóficas pode suportar o choro dos bebês, as cantigas de ninar das amas, a multidão barulhenta de criados e criadas? Como tolerar a sujeira que as crianças fazem a toda hora? Os ricos o conseguem porque possuem um palácio ou uma casa suficientemente grande para que se possa ficar isolado, a opulência deles não sente as despesas, eles não são diariamente crucificados pelos cuidados materiais. Mas não é essa a condição dos intelectuais* (filósofos) *e aqueles que têm de se preocupar com o dinheiro e com os cuidados materiais não podem entregar-se a seu ofício de teólogo ou de filósofo.*

Aliás, há autoridades para apoiar essa posição e condenar o casamento do erudito. E citam Teofrasto ou, com maior ênfase, São Jerônimo, que retoma os argumentos teofrásticos no *Adversus jovinianum*, tão em voga no século XII. E juntam o Antigo ao lado do Padre da Igreja, e ainda Cícero, que, depois de ter repudiado Terência, recusou a irmã de seu amigo Hírcio.

Abelardo, entretanto, rejeita o sacrifício de Heloísa. Realiza-se o casamento, mas permanece secreto. Fulbert, porque querem tranquilizá-lo, é avisado de tudo e chega mesmo a assistir à bênção nupcial.

Mas as intenções dos diversos atores não são as mesmas. Abelardo, a consciência em paz, quer retomar seu trabalho, Heloísa ficando à sombra. Quanto a Fulbert, quer proclamar o casamento, tornar pública a satisfação que obteve, enfraquecer, sem dúvida, o crédito de Abelardo, a quem não perdoou.

Abelardo, aborrecido, imagina um estratagema. Heloísa vai retirar-se para o convento de Argenteuil, onde é necessário que vista o hábito de noviça. Isso acabaria com os mexericos. Heloísa, cuja única vontade é a vontade de Abelardo, esperará sob esse disfarce que acabem os rumores. Era julgar que Fulbert fosse ficar conformado, mas ele acreditava que o estavam enganando. Imagina que Abelardo se livrou de Heloísa fazendo com que ela se tornasse freira, que o casamento tinha terminado. Deu-se, então, a expedição punitiva à casa de Abelardo, a mutilação, a aglomeração na manhã seguinte, o escândalo.

Abelardo vai esconder sua vergonha na Abadia de Saint-Denis. Compreende-se, quanto àquilo que falou mais alto, a extensão de seu desespero. Um eunuco ainda pode ser um homem?

Aqui abandonamos Heloísa, que não se encaixa em nossos propósitos. Sabe-se que admirável comércio de almas manterão até a morte, de um claustro a outro, os dois amantes.

Novos combates

A paixão intelectual curou Abelardo. Pensadas as feridas, ele retoma toda a sua combatividade. Os monges ignorantes e grosseiros são um peso para ele. Orgulhoso, ele também se torna um peso para os monges, cuja solidão afinal é perturbada pelos numerosos discípulos que vêm suplicar ao mestre que retome suas aulas. Abelardo escreve para eles seu primeiro tratado de teologia. Seu sucesso desagrada. Uma *pequena assembleia enfeitada com o nome de concílio* reuniu-se em Soissons, em 1121, para julgá-lo. Numa atmosfera passional — seus inimigos, para impressionar o concílio, açulam a multidão que ameaça linchá-lo... —, apesar dos esforços do bispo de Chartres que reclama melhores condições para instruir o processo, o livro é queimado e Abelardo condenado a acabar seus dias em um convento.

De volta a Saint-Denis, as querelas com os monges aumentam cada vez mais. Pois ele não os provoca demonstrando que as famosas páginas de Hilduin* sobre o fundador da abadia são apenas tolices e que o primeiro bispo de Paris nada tem a ver com o Areopagita que converteu São Paulo? No ano seguinte, Abelardo foge e, por fim, encontra refúgio junto ao bispo de Troyes. Consegue, então, um terreno perto de Nogent-sur-Seine e lá se instala como solitário, construindo um pequeno oratório dedicado à Santíssima Trindade. Não esqueceu nada; o livro condenado era consagrado à Trindade.

Seu refúgio é logo descoberto pelos discípulos e há uma corrida sobre a sua solidão. Uma aldeia escolar de tendas e de cabanas se instala ali. O oratório, aumentado e reconstruído em pedra, é dedicado ao Paráclito; inovação provocante**.

---

*Abade de Saint-Denis nos anos de 814 e 815, Hilduin impôs à abadia a regra de São Bento. Foi também abade de Saint-Germain-des-Prés e de Saint-Médard de Soissons. Em 826, foi nomeado por Luís, o Bonachão, arquicapelão do palácio. Deixou uma tradução latina das obras do Pseudo-Dionísio (Denis, em francês), o Areopagita, na qual o autor, também conhecido como o Apóstolo das Gálias, é tratado como se fosse não o Pseudo, mas o verdadeiro Dionísio (Denis), o Areopagita. (*N. do T.*)

**Provocante no sentido de que rompe a tradição segundo a qual todos os locais sagrados eram dedicados a santos da Igreja (predominando Nossa Senhora: lembremos que se trata do século de rápido desenvolvimento marial no Ocidente, como diz o autor no subtítulo "A mulher e o casamento no século XII"), como as abadias das florestas ou das montanhas, afinal conhecidas na maioria das vezes pelo nome geográfico do ponto em que se instalavam. Esse oratório é o núcleo inicial da futura abadia do Paráclito, citada em nota anterior. O substantivo Paráclito (grego *Parácletos*), como se sabe, não é um nome para o Cristo, mas indica uma função do Espírito Santo concebido como pessoa, isto é, uma função de Jesus. Trata-se de termo típico joanino, encontrado no Novo Testamento exclusivamente no evangelho de João e em sua primeira Carta, sempre com o sentido de Auxiliador, Socorredor, Protetor. Em outras palavras, é o título de Jesus como intercessor dos fiéis diante do tribunal celeste. Nas traduções das Bíblias católicas, em geral se mantém o termo grego, "Paráclito", mas é encontradiça também a tradução "Advogado". (*N. do T.*)

Só o curso de Abelardo pode fazer com que os camponeses improvisados esqueçam as delícias da cidade. Com melancolia, eles se lembram de que *na cidade os estudantes gozam de todas as comodidades que lhes são necessárias.*

A tranquilidade de Abelardo não dura muito. Dois *novos apóstolos*, diz ele, organizam contra ele um complô. Trata-se de São Norberto, fundador dos premonstratenses, e de São Bernardo, reformador de Cister. De tal modo é perseguido, que sonha fugir para o Oriente. *Deus sabe quantas vezes, mergulhado no mais profundo desespero, sonhei deixar o território da cristandade e passar-me para os pagãos* (ir juntar-se aos sarracenos, precisará a tradução de Jean de Meung), *a fim de lá viver em paz e, tanto quanto possível, viver como Cristão entre os inimigos de Cristo. Achava que eles me receberiam melhor à medida que me acreditassem menos Cristão, tomando por base as acusações de que eu era vítima.*

Essa solução extrema — primeira tentação do intelectual do Ocidente que desespera do mundo em que vive — lhe foi poupada.

Abelardo é eleito abade do mosteiro bretão. Novas rixas; ele se sente entre os bárbaros. Tudo que se ouve lá é o baixo-bretão*. Os monges são de uma grosseria inimaginável. Abelardo tenta refiná-los. Eles tentam envenená-lo. Ele foge em 1132.

Localiza-se Abelardo de novo, em 1136, na Montanha de Sainte-Geneviève. Com mais frequência do que nunca, ele retoma a atividade de ensinar. Arnaldo de Brescia, banido da Itália por ter fomentado desordens urbanas, refugia-se em Paris, liga-se a Abelardo e lhe traz o auditório de seus pobres discípulos que mendigam para viver. Desde a obra condenada

---

*O bretão é uma língua céltica do grupo britônico. O baixo-bretão é essa língua em período tardio. (*N. do T.*)

em Soissons, Abelardo não tinha parado de escrever. Mas só em 1140 seus inimigos retomam o ataque contra suas obras. Suas ligações com o proscrito romano levam a um ponto máximo as hostilidades contra ele. É normal que a aliança da dialética urbana com o movimento comunal democrático surja como significativa aos olhos de seus adversários.

SÃO BERNARDO E ABELARDO

À frente de seus adversários, São Bernardo. Segundo a feliz expressão do padre Chenu, o abade de Cister está *numa outra fronteira da Cristandade*. Esse homem rural, que se tornou um feudal e antes de tudo um militar, não tem formação propícia para compreender a *intelligentsia* urbana. Contra o herege, ou infiel, vê um único recurso: a força. Campeão da Cruzada armada, não crê na cruzada intelectual. Quando Pedro, o Venerável, pede-lhe que leia a tradução do Alcorão para replicar a Maomé pela pena, não responde. Na solidão do claustro, tira da meditação mística — que eleva aos pincaros — disposição para lançar-se sobre o mundo como justiceiro. Esse apóstolo da vida reclusa está sempre pronto a combater as inovações que lhe pareçam perigosas. Nos últimos anos de sua vida, praticamente governa a Cristandade, ditando ordens ao papa, aplaudindo a constituição de ordens militares, sonhando em fazer do Ocidente uma cavalaria, a milícia de Cristo: um grande inquisidor antes da Inquisição.

Com Abelardo o choque é inevitável. É o auxiliar de São Bernardo, Guillaume de Saint-Thierry, que dispara o ataque. Numa carta a São Bernardo, denuncia o *novo teólogo*, incita seu ilustre amigo a persegui-lo. São Bernardo vai a Paris, tenta alterar a disposição dos estudantes com o pouco sucesso que se conhece, convence-se da gravidade do mal que Abelardo causa. Uma entrevista entre os dois dá em nada. Um discípulo de Abelardo sugere uma reunião em que se oponham, em Sens, diante de uma assembleia de teólogos e bispos. O mestre considera-se capaz de arrebatar uma vez mais seu auditório. São Bernardo, sigilosamente, muda de modo total o caráter da assembleia. Transforma a reunião em concílio, seu adversário em acusado. Na noite anterior à abertura dos debates, reúne os bispos e lhes passa uma documentação completa que apresenta Abelardo como um herege perigoso. A Abelardo, no dia seguinte, só resta recusar a competência da assembleia e apelar ao papa. Os bispos transmitem a Roma uma condenação muito mitigada. São Bernardo, alarmado, ganha de todos em rapidez. Seu secretário leva aos cardeais que lhe são totalmente devotados cartas que arrancam do papa uma condenação de Abelardo cujos livros são queimados em São Pedro. Abelardo recebe a notícia quando viajava e se refugia em Cluny. Desta vez, está perdido. Pedro, o Venerável, acolhe Abelardo com infinita caridade e o reconcilia com São Bernardo, obtém de Roma o cancelamento de sua excomunhão e o manda para o convento de Saint-Marcel, em Chalon-sur-Saône, onde ele morre a 21 de abril de 1142. O grande abade de Cluny tinha-lhe enviado uma absolvição escrita e, num último gesto de suma delicadeza, remete a absolvição a Heloísa, abadessa do Paráclito.

Existência singular e ao mesmo tempo um destino único. Da obra considerável de Abelardo, só podemos fazer referência aqui a alguns traços marcantes.

O LÓGICO

Abelardo foi antes de tudo um lógico e, como todos os grandes filósofos, deixou fundamentalmente um método. Foi o grande campeão da dialética. Com seu *Manual de lógica para principiantes* (*Logica ingredientibus*), e sobretudo com o *Sic et non**, de 1122, deu ao pensamento ocidental seu primeiro *Discurso do Método*. Prova aí, com impressionante simplicidade, a necessidade de recorrer à razão. Os Padres não estão de acordo sobre nenhuma questão; lá onde um diz branco o outro diz preto — *Sic et non*.

Daí a necessidade de uma ciência da linguagem. As palavras são feitas para significar — *nominalismo* —, mas têm fundamento na realidade. Correspondem às coisas que significam. Todo o esforço da lógica deve consistir em proporcionar essa adequação significante da linguagem com a realidade que ela manifesta. Para esse espírito exigente a linguagem não é o véu do real mas sua expressão. Esse professor acredita no valor ontológico do seu instrumento: o verbo.

O MORALISTA

Esse lógico também foi um moralista. Em sua obra *Ética ou conhece-te a ti mesmo* (*Ethica seu Scito te ipsum*), esse cristão embebido de filosofia antiga dá à introspecção uma importância tão grande quanto os místicos monásticos, quanto São Bernardo ou Guillaume de Saint-Thierry. Mas, como disse o Senhor de Gandillac, *enquanto para os cistercienses o "socratismo cristão" é antes de tudo uma meditação sobre a impotência do pecador, o conhecimento de si aparece na Ética como uma análise do livre consentimento pelo qual nos toca aceitar ou recusar esse desprezo a Deus que o pecado constitui.*

---

*Ao pé da letra, "Assim e não", isto é, desse modo e não desse modo. Talvez uma boa tentativa de tradução aproximada seja "Assim sim e assim não", mas o título da obra costuma ser traduzido em português como *Pró e contra* ou *O pró e o contra*. (N. do T.)

Lá onde São Bernardo exclama: *Gerados pelo pecado, pecadores, nós geramos pecadores; nascidos devedores, geramos devedores; nascidos corrompidos, geramos corrompidos; nascidos escravos, geramos escravos. Somos feridos desde nossa entrada no mundo, enquanto vivemos nele e até que saiamos dele; da planta dos pés ao alto de nossas cabeças, nada é são em nós,* Abelardo responde que o pecado não passa de uma falta: *pecar é desprezar nosso Criador, isto é, descumprir completamente diante dele o compromisso de renunciar àquilo que acreditamos seja nosso dever renunciar em nome dele. Definindo assim o pecado, de maneira puramente negativa, como o fato de não renunciar aos atos clamorosos ou, ao contrário, abstermo-nos dos atos louváveis, mostramos claramente que o pecado não é uma substância uma vez que consiste numa ausência mais que numa presença, semelhante às trevas que poderiam ser definidas: ausência de luz, lá onde era preciso que houvesse luz.* E reclama para o homem esse poder de consentir, esse assentimento ou essa recusa dada à retidão que é o centro da vida moral.

Dessa maneira, Abelardo contribuiu poderosamente para subverter as condições acerca de um dos sacramentos essenciais do cristianismo: a penitência. Em face de um homem radicalmente mau a Igreja dos tempos bárbaros tinha preparado listas de pecados e compensações a serem pagas, calcadas sobre as leis bárbaras. Esses penitenciais* atestam que, para o homem da Alta Idade Média, o essencial na penitência era o pecado e, portanto, a punição. Abelardo exprimiu e fortaleceu a tendência para inverter essa atitude. A partir daí o importante é o pecador, quer dizer, sua intenção, e o ato capital da penitência será a contrição. *A contrição do coração,*

---

*Penitencial era um livro com o ritual da penitência, para uso do confessor. (*N. do T.*)

escreve Abelardo, *faz então com que desapareça o pecado, quer dizer, o desprezo a Deus, ou ainda o consentimento do mal. Porque a Caridade divina, que inspira esse lamento, é incompatível com o pecado.* Os inúmeros confessores que surgiram no fim do século terão incorporado essa reviravolta na psicologia — senão na teologia — da penitência. Assim, nas cidades e nas escolas urbanas, aprofundava-se a análise psicológica, humanizavam-se no sentido pleno do termo os sacramentos. Que enriquecimento para o espírito do homem ocidental!

O HUMANISTA

Do teólogo, sublinhamos apenas um traço. Ninguém reclamou a aliança da razão e da fé tanto quanto Abelardo. Nesse domínio ele ultrapassou — enquanto não vinha Santo Tomás, o grande iniciador da nova teologia — Santo Anselmo, que lançara, no século anterior, sua fórmula fecunda: a fé em busca da inteligência (*fides quaerens intellectum*).

Abelardo satisfez, com isso, as necessidades dos meios escolares que, em matéria de teologia, *reclamavam razões humanas e filosóficas e solicitavam mais matéria que pudesse ser compreendida do que apenas coisas a serem ditas: para que servem, perguntavam, palavras desprovidas de inteligibilidade? Não se pode crer no que não se compreende, e é ridículo ensinar aos outros aquilo que nem o próprio expositor nem seus ouvintes podem atingir pela inteligência.*

Durante os últimos meses de sua vida em Cluny esse humanista compôs, mergulhado em grande serenidade, seu *Diálogo entre um filósofo (pagão), um judeu e um cristão.* Queria mostrar nessa obra que nem o pecado original, nem a Encarnação tinham produzido um corte absoluto na história da humanidade. Tentava valorizar tudo que era comum às três religiões que, para ele, representavam a suma do pensamento humano. Seu objetivo era reencontrar leis naturais que, para além das religiões, permitissem reconhecer em todo homem o filho de Deus. Seu humanismo completava-se como tolerância e, diante daqueles que decidiam, buscava aquilo que une os homens, lembrando-se de que há *muitas moradas na casa do Pai*. Se Abelardo representou a mais alta expressão no meio parisiense, é preciso buscar em Chartres outros traços do intelectual nascente.

CHARTRES E O ESPÍRITO CHARTRIANO

Chartres é o grande centro científico do século. Não se desdenhavam lá as *artes* do *trivium* — gramática, retórica e lógica —, como se viu no ensinamento de Bernard de Chartres. Mas a esse estudo das *voces*, das palavras, Chartres preferia os estudo das coisas, das res, que eram objeto do *quadrivium*: aritmética, geometria, música e astronomia.

É essa orientação que determina o *espírito chartriano*. Espírito de curiosidade, de observação, de investigação que, alimentado pela ciência greco-árabe, vai brilhar. A sede de conhecer vai se expandir a ponto de levar o mais célebre dos vulgarizadores da ciência do século, Honório, dito de Autun*, a resumi-la em uma fórmula notável: *O exílio do homem é a ignorância; sua pátria é a ciência.*

Essa curiosidade causa indignação aos espíritos tradicionalistas. Absalon de Saint-Victor escandaliza-se com o interesse que se estabelece em torno da *conformação do globo, a*

---

*Embora conhecido como de Autun, cidade francesa, esse Honório na realidade tinha nascido em Ratisbona, na Baviera. Também costuma ser citado em latim, como Honorius Augustodunensis. (*N. do T.*)

natureza dos elementos, a localização das estrelas, a natureza dos animais, a violência do vento, a vida das plantas e das raízes. Guillaume de Saint-Thierry escreve a São Bernardo para denunciar ao amigo a existência de pessoas que explicam a criação do primeiro homem *não a partir de Deus, mas da natureza, dos espíritos e das estrelas*. Guillaume de Conches* replica: *Ignorando as forças da natureza, querem que permaneçamos presos à sua ignorância, recusam-nos o direito de investigação, e nos condenam a permanecer como brutos numa crença sem inteligência.*

Assim são exaltadas e popularizadas algumas grandes figuras do passado, que, cristianizadas, tornam-se os símbolos do saber, os *grandes ancestrais míticos do erudito*.

Salomão é o mestre de toda a ciência oriental e hebraica, não apenas o *Sábio* do Antigo Testamento, mas o grande representante da ciência hermética. Dá-se seu nome à enciclopédia dos conhecimentos mágicos, é o mestre dos segredos, o detentor dos mistérios da ciência.

Alexandre é o Investigador por excelência. Seu mestre Aristóteles inculcou-lhe a paixão da investigação, o entusiasmo da curiosidade, mãe da ciência. Difunde-se a velha carta apócrifa na qual ele conta a seu mestre as maravilhas da Índia. Retoma-se a lenda de Plínio segundo a qual ele teria feito do filósofo um diretor da pesquisa científica, chefiando mil exploradores enviados a todas as partes do mundo. A sede de conhecer teria sido o motor de suas viagens, de suas conquistas. Não contente de percorrer a terra, ele teria pretendido sondar os outros elementos. Num tapete voador, teria per-

---

*Professor em Chartres, filósofo e teólogo, Guillaume de Conches (1080-1154) provocou, com seus estudos, os ataques dos cistercienses. Foi aluno de Bernard de Chartres, já o vimos. Deixou *Dragmaticon philosophiae* (*Seleta de filosofia*) e *Moralis philosophiae* (*Moral da filosofia*, ou *Moral filosófica*). (N. do T.)

corrido os ares. Sobretudo teria mandado construir uma espécie de barril de vidro e descido ao fundo do mar nesse ancestral do batiscafo, e teria estudado os costumes dos peixes e da flora submarina. *Infelizmente*, escreve Alexandre Neckam, *ele não nos deixou suas observações*.

Virgílio, enfim, o Virgílio que teria anunciado o Cristo na quarta égloga e sobre o túmulo do qual teria rezado São Paulo, e que teria reunido na *Eneida* a suma dos conhecimentos do mundo antigo. Bernard de Chartres comenta os seis primeiros livros do poema como uma obra científica, do mesmo modo pelo qual se comentava o *Gênesis*. Assim se forma a lenda que levará ao admirável personagem de Dante, aquele que será chamado para a exploração do mundo subterrâneo pelo autor da *Divina comédia: Tu duca, tu signore e tu maestro* [És duque, és senhor e és mestre].

O espírito de investigação, entretanto, vai se chocar com uma outra tendência dos intelectuais chartrianos: o espírito racional. No limiar da idade moderna, as duas atitudes fundamentais do espírito científico muitas vezes parecem antagônicas. A experiência para os eruditos do século XII não vai além dos fenômenos, das aparências. A ciência tem de se afastar disso para penetrar no espírito das realidades pelo raciocínio. Voltar-se-á a encontrar esse divórcio que atingiu tão pesadamente a ciência medieval.

O NATURALISMO CHARTRIANO

Desse racionalismo chartriano, a base é uma crença na onipotência da Natureza. Para os chartrianos a Natureza é em primeiro lugar um poder fecundante, perpetuamente criador, de recursos inesgotáveis, *mater generationis* [mãe da geração, ou mãe geradora]. Assim se fundamenta o otimismo naturalista do século XII. Século de impulso e de expansão.

Mas a Natureza é também o cosmos, um conjunto organizado e racional. É a rede das leis cuja existência torna possível e necessária uma ciência racional do universo. Outra fonte de otimismo é a possibilidade de racionalizar o mundo, que não é absurdo, mas incompreensível, que não é desordem, mas harmonia. A necessidade de ordem no universo dos chartrianos levou muitos deles até a negar a existência do caos primitivo. É a posição de Guillaume de Conches e de Arnaud de Bonneval, este, comentador do *Gênesis* nestes termos: *Deus, distinguindo a propriedade dos lugares e dos nomes, deu às coisas suas medidas adequadas e suas funções, como aos membros de um corpo gigantesco. Mesmo nesse momento remoto (a Criação) nada houve no plano de Deus de confuso, nada de informe, porque a matéria das coisas, desde sua criação, foi formada de espécies congruentes.*

É com esse espírito que os chartrianos comentam o *Gênesis*, desde então explicado segundo as leis naturais. *Fisicismo* contra *simbolismo*. Assim age Thierry de Chartres, que se propõe analisar o texto bíblico *segundo a física e ao pé da letra (secundum physycam et ad litteram)*. Assim faz, por sua vez, Abelardo em sua *Expositio in hexameron* [*Explicação sobre a obra dos seis dias* (da Criação do mundo)].

Para esses cristãos, essas crenças provocam algumas dificuldades. É o problema das relações entre a Natureza e Deus. Para os chartrianos, Deus, se criou a Natureza, respeita as leis que deu a ela. Sua onipotência não é contrária ao determinismo. O milagre age no interior da ordem natural. *O que importa*, escreve Guillaume de Conches, *não é que Deus tenha podido fazer isso, mas examinar isso, explicá-lo racionalmente, mostrar-lhe a finalidade e a utilidade. Sem dúvida, Deus pode fazer tudo, mas o importante é que ele tenha feito tal ou qual coisa. Sem dúvida Deus pode de um tronco de árvore fazer um bezerro, como dizem os rudes homens da roça, mas alguma vez ele o fez?*

Assim prossegue essa obra de dessacralização da natureza, de crítica do simbolismo, prolegômeno necessário a qualquer ciência, que o cristianismo, desde que começou a difundir-se, tornou possível, como mostrou Pierre Duhem*, deixando de considerar a natureza, os astros, os fenômenos como deuses — assim os considerava a ciência antiga —, mas como criações de um Deus. A nova etapa valoriza o caráter racional dessa criação. Desse modo, como se disse, levantava-se *contra os partidários de uma interpretação simbólica do universo, a reivindicação da existência de uma ordem de causas segundas autônomas sob a ação da Providência.* Sem dúvida o século XII ainda é cheio de símbolos, mas seus intelectuais já fazem a balança se inclinar para o lado da ciência racional.

O HUMANISMO CHARTRIANO

Mas o espírito chartriano é antes de tudo um humanismo. Não apenas nesse sentido secundário em que invoca a cultura antiga para a edificação de sua doutrina; mas, sobretudo, porque põe o homem no coração de sua ciência, de sua filosofia e quase de sua teologia.

Para o espírito de Chartres o homem é o objeto e o centro da criação. Tal é o sentido, como o mostrou admiravelmente

---

*Físico e filósofo francês (1861-1916), professor na Faculdade de Ciências de Bordeaux, foi um físico teórico reputado e criador, na França, da teoria da *energética*. Sua obra mais importante, na qual começou a trabalhar em 1913, é *O sistema do mundo, história das doutrinas cosmológicas de Platão a Copérnico*, em dez volumes póstumos (cinco publicados antes da Segunda Guerra, cinco de 1954 a 1959). (*N. do T.*)

o padre Chenu, da controvérsia *Cur Deus homo*. À tese tradicional, retomada por São Gregório, segundo a qual o homem é um acidente da criação, um *ersatz*, um tapa-buraco, criado fortuitamente por Deus para substituir os anjos decaídos depois da revolta desses anjos, Chartres, desenvolvendo a doutrina de Santo Anselmo, opõe a ideia segundo a qual o homem sempre esteve previsto no plano do Criador e, mesmo, que para o homem é que o mundo foi criado.

Em um texto célebre, Honório de Autun vulgarizou a tese chartriana: *Não há outra autoridade*, declara ele inicialmente, *a não ser a verdade provada pela razão; o que a autoridade nos ensina a crer, a razão nos confirma por suas provas. O que a autoridade evidente da Escritura proclama, a razão discursiva prova: mesmo que todos os anjos tivessem permanecido no céu, o homem com toda a sua posteridade teria sido não obstante criado. Porque este mundo foi feito para o homem e por mundo entendo o céu e a terra e tudo que está contido no universo; e seria um absurdo acreditar que, se todos os anjos tivessem subsistido, o mundo não teria sido criado por quem nós lemos que o universo foi criado.*

Sublinhemos na passagem que os teólogos da Idade Média, quando discutiam sobre anjos — e mesmo sobre o sexo dos anjos — pensavam quase sempre no homem e que nada foi mais importante para a posteridade do espírito do que esses debates aparentemente inúteis.

O homem, os chartrianos o veem em primeiro lugar como um ser racional. É nele que se opera essa união ativa da razão e da fé que é um dos ensinamentos fundamentais dos intelectuais do século XII. É nessa perspectiva que vejo esses intelectuais se interessarem tanto pelos animais — como contraste em relação ao homem. A antítese bruto-homem é uma das grandes metáforas desse século. No bestiário romano, nesse mundo grotesco vindo do Oriente e que a imagística tradicional reproduz por seu simbolismo, o mundo das escolas vê um humanismo às avessas — e acabará por se separar disso, afinal, para inspirar aos escultores góticos um novo modelo: o homem.

Sabe-se da contribuição que os gregos e os árabes trouxeram a esse racionalismo humanista. Não há melhor exemplo quanto a isso do que o de Adelardo [ou Adalardo] de Bath, tradutor e filósofo, um dos grandes viajantes da Espanha.

A um tradicionalista, que lhe propõe uma discussão precisamente sobre os animais, ele responde: *É difícil para mim discutir sobre os animais. Com efeito, aprendi com meus mestres árabes a tomar a razão como guia, você se contenta em atrelar-se servilmente à corrente de uma autoridade de fábula. Que outro nome dar à autoridade senão esse de corrente? Como os animais estúpidos são levados por uma corrente e nem sabem que estão sendo conduzidos nem por que os conduzem e se contentam em seguir a corda a que estão atados, assim a maioria entre vocês é prisioneira de uma credulidade animal e se deixa conduzir acorrentada a crenças perigosas pela autoridade daquilo que está escrito.*

E ainda: *Com os argumentos da dialética é que Aristóteles, quando pretendia se distrair, sustentava o falso diante dos ouvintes graças a sua habilidade sofística, enquanto os ouvintes defendiam diante dele a verdade. É que todas as outras artes, se tiverem à sua disposição os serviços da dialética, podem caminhar com firmeza, e sem a dialética titubeiam e ignoram a estabilidade. Também os modernos pelo modo de conduzir as discussões dirigem-se principalmente aos que são mais famosos nessa arte...*

Adelardo de Bath nos convida mesmo a ir mais longe. Não há certeza de que os intelectuais do século XII não tenham tirado de si mesmos, das fontes de sua razão, o essencial daquilo que frequentemente camuflaram sob o nome dos Antigos e dos árabes para transmitir melhor seu atrevimento aos espíritos habituados a julgar segundo as autoridades — ainda que se tratasse de coisa inédita. Eis sua confissão: *Nossa geração tem esse defeito sistemático de rejeitar tudo que parece vir dos modernos. Assim, quando tenho uma ideia pessoal, se quero publicá-la eu a atribuo a algum outro e declaro: "Foi fulano que o disse, não fui eu." Para evitar o inconveniente de que se pense que eu, logo eu, ignorante, tirei de meu próprio fundo minhas ideias, ajo de modo a fazer crer que são ideias tiradas de meus estudos árabes. Não quero, se o que eu disse desagradou a espíritos retrógrados, que tenha sido eu a desagradá-los. Sei qual é, em confronto com o vulgar, a espécie de eruditos autênticos. Também não é meu processo que me agrada, mas o dos árabes.*

A grande novidade é que esse homem dotado de razão, que assim pode estudar e compreender uma natureza ordenada, ela própria, racionalmente pelo Criador, é por sua vez considerado pelos chartrianos como *natureza* e desse modo se integra perfeitamente à ordem do mundo.

O HOMEM-MICROCOSMO

Assim acha-se vivificada e carregada de uma significação profunda a velha imagem do *homem-microcosmo*. De Bernard Silvestris a Alano de Lille*, desenvolve-se a tese da analogia

---

*Alain de Lille em francês, Alanus ab insulis em latim (Lille, entre 1115 e 1128-Cister, 1203), escritor didático, teólogo e canonista, era conhecido como o Doutor Universal. Foi reitor da Universidade de Paris. Duas de suas obras em latim — *De planctu naturae* [*Sobre o lamento da natureza*] e *Anticlaudianus* — tornaram-se grandemente célebres. A primeira é uma alegoria moral que serviu como fonte de inspiração a Jean de Meung, um dos autores do *Romance da rosa*. O *Anticlaudianus* foi adaptado em duas versões distintas para a língua vulgar (o francês da época). A primeira delas deveu-se a um trabalho de Ellebaut, a segunda foi feita indiretamente, em versos rimados, por um tradutor anônimo da obra de Adam de La Bassée, também em latim, *Ludus super Anticlaudianum*. (N. do T.)

entre o mundo e o homem, entre o megacosmo e esse universo em miniatura que é o homem. Muito além das análises que nos provocam um sorriso, nas quais encontramos no ser humano os quatro elementos e em que as analogias são levadas ao absurdo, essa concepção é revolucionária. Ela força a considerar o homem total e em primeiro lugar com seu corpo. A grande enciclopédia científica de Adelardo de Bath estende-se longamente sobre a anatomia e a fisiologia humanas. Caminhava lado a lado com os progressos da medicina, da higiene, e a eles servia de apoio. Esse homem, ao qual devolveram o corpo, discute de modo completo essa descoberta do amor humano que é uma das grandes descobertas do século XII, quando um Abelardo viveu tragicamente e ao qual Denis de Rougemont* consagrou um livro famoso e contestável. Esse homem-microcosmo também se encontra no centro de um universo que ele reproduz, em harmonia com ele, apto a desatar-lhe os cordéis, em estado de conivência com o mundo. Abrem-se-lhe perspectivas infinitas, vulgarizadas por um Honório de Autun e talvez mais ainda por essa mulher extraordinária, a abadessa Hildegarda de Bingen [santa, 1098-1136], que mistura as novas teorias com o misticismo monástico tradicional nessas obras estranhas que foram o *Liber scivias* [Um tratado dogmático] e o *Liber divinorum operum* [Livro das obras divinas]. Miniaturas logo tornadas célebres dão-lhes um alcance excepcional. Lembremos a que representa o homem-microcosmo em sua nudez, com um amor pelo modelado das formas do corpo. Essas miniaturas manifestam que o humanismo dos intelectuais do século XII não esperou o outro Renascimento para adotar essa dimensão

---

*Escritor suíço (Neuchâtel, 1906) de expressão francesa. Suas obras, a partir de 1939 (ano em que lançou *L'Amour et l'Occident*), despertaram grande interesse e ocuparam lugar marcante no século XX, abordando grandes problemas de nossa civilização. (N. do T.)

em que o gosto estético das formas alia-se ao amor pelas proporções verdadeiras.

A última palavra desse humanismo é, sem dúvida, que o homem que é natureza, que pode compreender a natureza segundo a razão, também pode transformá-la por sua atividade.

A USINA E O *HOMO FABER*

O intelectual do século XII, colocado no centro do canteiro urbano, vê o universo à imagem desse canteiro, vasta usina em que não para de zumbir o ruído dos ofícios. A metáfora estoica do mundo-fábrica é retomada num meio mais dinâmico, com alcance mais eficaz. É Gerhoch de Reichersberg que em seu *Liber de aedificio Dei* [*Livro sobre o edifício de Deus*] fala a respeito *dessa grande fábrica do mundo inteiro, essa espécie de oficina do universo... (illa magna totius mundi fabrica et quaedam universalis officina).*

Sobre esse canteiro o homem se afirma como um artesão que transforma e cria. É a redescoberta do *homo faber* [homem artífice, homem artesão], cooperador da criação com Deus e com a natureza. *Toda obra*, diz Guillaume de Conches, *é obra do criador, obra da natureza, ou do homem-artesão imitando a natureza.*

Também se transforma a imagem da sociedade humana. Vista sob essa perspectiva dinâmica que dá seu sentido às estruturas econômicas e sociais do século, a sociedade humana deve reunir todos os trabalhadores humanos. Nessa reabilitação do trabalho, os desprezados de ontem são integrados à cidade humana, imagem da cidade divina. João de Salisbury no *Polycraticus* restitui à sociedade os trabalhadores rurais: *aqueles que trabalham nos campos, nos prados, nos jardins,* depois os artesãos: *os trabalhadores da lã e todos os outros trabalhadores mecânicos que trabalham a madeira, o ferro, o bronze e os outros metais.* Nessa perspectiva, o velho quadro escolar das sete artes liberais se quebra. O novo ensinamento deve abrir espaço não apenas às disciplinas novas: à dialética, à física, à ética, mas às técnicas científicas e artesanais que constituem uma parte essencial da atividade do homem. Hugues de Saint-Victor*, no programa de estudos de seu *Didascalion* [*Ensinamento*], homologa essa nova concepção. Honório de Autun a desenvolve em sua famosa fórmula: *O exílio do homem é a ignorância; sua pátria é a ciência.* E ainda acrescenta que *chegamos a essa pátria através das artes liberais, que são igualmente cidades-etapas.* A primeira cidade é a gramática, a segunda é a retórica, a terceira é a dialética, a quarta é a aritmética, a quinta é a música, a sexta é a geometria e a sétima é a astronomia. Tudo tradicional, até aqui. Mas a caminhada não terminou. A oitava é a física, *na qual Hipócrates ensina aos peregrinos as virtudes e a natureza das ervas, das árvores, dos minerais, dos animais.* A nona é a mecânica, *pela qual os peregrinos aprendem o trabalho com os metais, a madeira, o mármore, a pintura, a escultura e todas as artes manuais.* Foi assim que Nemrod** ergueu sua torre e

---

*Filósofo e teólogo místico francês (fim do século XI-1141). Suas principais obras foram *Sobre a contemplação, Sobre o método e a ciência, Sobre os sacramentos da fé cristã, Em louvor da caridade.* Foi um místico prudente, ensinou que o homem, para chegar à verdade, deve unir a oração ao raciocínio. Seus contemporâneos o apelidaram de O Novo Agostinho. (*N. do T.*)

**Filho de Cus e neto de Cam, filho de Noé, Nemrod (há também em português a forma Nimrod, que parece mais correta em relação à origem hebraica) foi o fundador de Babilônia, segundo o Gênesis (10, 8-12). Era um homem valente, "robusto caçador diante do Eterno". Foi o primeiro a exercer a tirania sobre outros homens. Contos árabes e persas fazem dele o centro de muitas lendas. (*N. do T.*)

Salomão construiu seu templo. Foi assim que Noé fabricou a arca, ensinou a arte da fortificação e o trabalho dos diversos têxteis. A décima primeira* é a econômica. *É a porta da pátria do homem. Nela se regulamentam os estados e as dignidades, nela se distinguem as funções e as ordens. Nela se ensina aos homens que correm para sua pátria como alcançá-la, segundo a ordem de seus méritos, a hierarquia dos anjos.* Assim, termina pela política a odisseia do humanismo dos intelectuais do século XII.

Figuras

Entre eles e mesmo em Chartres seria preciso distinguir as personalidades e os temperamentos. Bernard foi, sobretudo, um professor atento no sentido de dar, por meio de uma sólida formação *gramatical*, uma cultura de base e métodos de pensamento a seus alunos. Bernard Silvestris e Guillaume de Conches foram, acima de tudo, *cientistas* — bons representantes, nesse ponto, da tendência mais original do espírito chartriano. Com eles o século agita o espírito *literário* que seduz tantos espíritos. Como disse Abelardo a Heloísa: *Mais preocupado com o ensino do que com a eloquência, busco a clareza da exposição, não o ordenamento da eloquência, o sentido literal, não o ornamento retórico.* Princípio que seguiam os tradutores, aos quais repugnava o uso de construções bonitas porém infiéis. *Não cortei nem alterei de modo sensível os materiais dos quais necessitais para construir vosso magnífico edifício*, escreve Robert de Chester a Pedro, o

---

* Nota-se que, por uma pequena distração na qual os revisores não repararam, a sequência do Autor passa da "nona" para a "décima primeira". (N. do T.)

Venerável, *se isto é apenas para fazê-los compreender... e não tentei dourar a pílula nesta matéria vil e desprezível.* Um João de Salisbury, entretanto, é humanista mais no sentido que para nós se tornou familiar, feito de agradável cultura e de felicidade de expressão. Ainda que chartriano, é um literato. No máximo, busca manter um equilíbrio feliz. *Assim como a eloquência é temerária e cega, assim como a razão não esclarece, a ciência que não sabe usar as palavras é frágil e maneta. Os homens se tornariam animais se fossem privados da eloquência de que foram dotados.*

Gilbert de la Porrée é um pensador, talvez o mais profundo metafísico do século. Suas infelicidades — também ele foi vítima dos tradicionalistas e de São Bernardo — não impediram que empolgasse diversos discípulos (entre os porretanos alinham-se Alano de Lille e Nicolas d'Amiens) e que suscitasse em sua diocese de Poitiers o fervor tanto do povo como dos clérigos.

BRILHO

Chartres formou, sobretudo, pioneiros. Em Paris, depois das tempestades provocadas por Abelardo, espíritos moderados dedicam-se a incorporar ao ensino tradicional da Igreja tudo o que, vindo dos inovadores, não causasse escândalo. Isso foi obra sobretudo de Pierre Lombard e de Pedro, o Comedor — cuja reputação de devorador de livros era sólida. O *Livro das sentenças* do primeiro, a *História eclesiástica* do segundo, exposições sistemáticas das verdades filosóficas e dos fatos históricos contidos na Bíblia, tornar-se-iam manuais de base para o ensino universitário do século XIII. Através deles a massa dos prudentes iria aproveitar, de todo modo, as descobertas do pequeno número de audaciosos.

O TRABALHADOR INTELECTUAL E O CANTEIRO URBANO

Só no quadro urbano esse tipo de intelectual pôde se desenvolver. Seus adversários, seus inimigos sentiram bem isso e englobavam numa mesma maldição cidades e intelectuais do novo gênero. Étienne de Tournai, abade de Sainte-Geneviève no fim do século, fica estarrecido diante da invasão da *disputatio* em teologia: *Debate-se publicamente, violando-se as constituições sagradas, sobre os mistérios da divindade, a encarnação do Verbo... A indivisível Trindade é cortada e deixada em postas pelas encruzilhadas. Tantos doutores, tantos erros; tantos ouvintes, tantos escândalos; tantas praças públicas, tantas blasfêmias. Mercadores de palavras (venditores verborum)* diz ainda dos mestres parisienses.

Faz eco, dessa forma, ao abade de Deutz, Rupert, que no início do século, ao saber que zombavam dele nas escolas urbanas, saiu valentemente de seu claustro e foi para o meio dos inimigos, na cidade. Já via nas ruas a discussão por todas as esquinas e previa a difusão do mal. Lembrava ele que todos os construtores de cidade são ímpios, que, em vez de acampar neste lugar de passagem que é a terra, nela instalavam-se e aí instalavam os outros. Percorrendo toda a Bíblia, dela extraía um grandioso afresco antiurbano. Depois da primeira cidade construída por Caim, depois de Jericó que as santas trombetas de Josué arrasaram, o livro de Enoque* enumera Babilônia, Assur, Nínive e Babel. *Deus*, diz Rupert, *não gosta da cidade nem dos habitantes urbanos. E as cidades de hoje, agitadas por vãs disputas de mestres e estudantes, nada mais são do que a ressurreição de Sodoma e Gomorra.*

O intelectual urbano do século XII se sente como um artesão, como um homem de ofício comparado aos outros das

---
*Livro bíblico, apócrifo. (N. do T.)

cidades. Sua função é o estudo e o ensino das *artes liberais*. Mas o que é uma *arte*? Não é uma ciência, é uma técnica. *Ars* é *techné*. É tanto a especialidade do professor como a do carpinteiro ou do ferreiro. Depois de Hugues de Saint-Victor, Santo Tomás, no século seguinte, tirará todas as consequências dessa posição. Uma *arte* é toda atividade racional e justa do espírito aplicada à fabricação dos instrumentos tanto materiais como intelectuais: é uma técnica inteligente do fazer. *Ars est recta ratio factibilium*. Assim o intelectual é um artesão; *no meio de todas as ciências* [as artes liberais] *são chamadas artes as que não implicam apenas o conhecimento mas também uma produção que se origina imediatamente na razão, como a função da construção (a gramática), dos silogismos (a dialética), do discurso (a retórica), dos números (a aritmética), das medidas (a geometria), das melodias (a música), dos cálculos do curso dos astros (a astronomia).*

No dia em que Abelardo, reduzido à miséria, constata que é incapaz de cultivar a terra e que tem vergonha de mendigar, volta ao professorado (*scolarum regimen*). *Voltei ao ofício que eu conhecia, incapaz de trabalhar com as mãos, estou reduzido a me servir de minha língua.*

Pesquisa e ensino

Homem de ofício, o intelectual tem consciência da profissão a assumir. Reconhece a ligação necessária entre a ciência e o ensino. Não pensa mais que a ciência deve ser entesourada: está persuadido de que deve ser posta em circulação. As escolas são oficinas de onde são exportadas as ideias, como as mercadorias. Sobre o canteiro urbano, o professor acompanha, com igual ímpeto produtor, o artesão e o mercador. Abelardo lembra a Heloísa que os filisteus é que guardam sua ciência para si e impedem tanto eles como os outros de aproveitá-la. *Quanto a nós, voltemos a Isaque e cavemos com ele poços de água viva, mesmo que os filisteus criem obstáculos quanto a isso, mesmo que resistam, continuemos com perseverança a cavar poços com ele, para que de nós também ele diga: "Bebe a água de teus cântaros e de teus poços" (Prov. 5, 15); e cavemos de tal forma que os poços de nossas praças públicas transbordem de águas abundantes a ponto de não se limitar a nós a ciência das Escrituras, mas que nós ensinemos os outros a beber dessa água.* Generosidade de intelectual. Ele sabe bem que é o primeiro a ganhar com isso. *Se pude escrever esse livro*, escreve ao amigo Hermann, o Dálmata, *é porque tive que rebater nas escolas públicas os ataques insidiosos dos adversários.*

AS FERRAMENTAS

Nessa grande fábrica que é o universo, o intelectual deve cooperar, por sua vez, com suas aptidões próprias, para o trabalho criador que se elabora. Não tem como instrumentos mais do que seu espírito, mas também seus livros, que são suas ferramentas de operário. Como estamos longe, com eles, do ensinamento oral da Alta Idade Média! Giraud de Barri declara: *Hoje os clérigos iletrados são como os nobres inábeis na guerra. Ficam imbecilizados diante de um livro de leitura para crianças como diante de um inesperado espetáculo de teatro, porque ignoram que esses são os instrumentos dos clérigos, enquanto que o ferreiro sabe que as redes são os instrumentos dos pescadores e os pescadores sabem que a bigorna e o martelo são os instrumentos do ferreiro. Nenhum deles poderá exercer a arte do outro, mas cada um sabe nomear-lhe os instrumentos, apesar de ignorar-lhes o uso e a técnica...*

A esses artesãos do espírito incorporados ao impulso urbano do século XII, resta organizar-se no seio do grande movimento corporativo coroado pelo movimento comunal. Essas corporações de mestres e estudantes serão, no sentido estrito da palavra, as *universidades*. Essa será a obra do século XII.

O século XIII
A maturidade e seus problemas

PERFIL DO SÉCULO XIII

O século XIII é o século das universidades porque é o século das corporações. Em cada cidade em que existe um ofício agrupando um número importante de membros, esses membros se organizam para a defesa de seus interesses, a instauração de um monopólio de que se beneficiem. É a fase institucional do impulso urbano que materializa em comunas as liberdades políticas conquistadas, em corporações as posições adquiridas no domínio econômico. Liberdade aqui é equívoco: independência ou privilégio? Encontrar-se-á essa ambiguidade na corporação universitária. A organização corporativa já petrifica o que consolida. Consequência e sanção de um progresso, a corporação trai um cansaço, esboça uma decadência. Assim caminham as universidades do século XIII, de acordo com o contexto do século. O impulso demográfico chega ao ápice, mas começa a reduzir seu ritmo; e a população da Cristandade logo se torna estacionária. A grande onda de arar a terra, que preparou os campos necessários à alimentação desse excedente humano, arrebenta e cessa. O ímpeto construtor cria para esse povo cristão mais numeroso uma rede de igrejas novas, com um espírito novo, mas a era das grandes catedrais góticas encerra-se com o século. A conjuntura universitária traça a mesma curva: Bolonha, Paris, Oxford nunca mais terão tantos mestres e estudantes, e o método universitário — a escolástica — não mais criaria monumentos tão brilhantes quanto as sumas de Alberto Magno, de Alexandre de Hales, de Roger Bacon, de São Boaventura, de Santo Tomás de Aquino.

O intelectual que conquistou seu lugar na cidade revela-se, assim, incapaz, diante das opções que se lhe oferecem, de escolher as soluções para o futuro. Numa série de crises que poderíamos creditar ao crescimento, e que são o sinal da maturidade, não consegue optar pelo rejuvenescimento, amolda-se às estruturas sociais e aos hábitos intelectuais nos quais se afundará.

As origens das corporações universitárias frequentemente são tão obscuras para nós como as dos outros corpos de ofício. As corporações universitárias se organizam lentamente, à custa de conquistas sucessivas, ao acaso de incidentes que representam determinadas ocasiões. Os regulamentos muitas vezes só sancionam tardiamente essas conquistas. Nem sempre estamos seguros quanto à primazia desses regulamentos de que dispomos. Nada de espantoso, quanto a isso. Nas cidades em que se formam, as universidades, pelo número e a qualidade de seus membros, manifestam um poder que inquieta os outros poderes. É lutando, ora contra os poderes eclesiásticos, ora contra os poderes leigos, que elas adquirem sua autonomia.

Contra os poderes eclesiásticos

Primeiro, contra os poderes eclesiásticos. Os universitários são clérigos. O bispo do lugar reclama-os como súditos. Ensinar é função eclesiástica. O bispo, chefe das escolas, há muito delegou seus poderes na matéria a um de seus oficiais que, em geral, foi chamado *escolástico* (*scolasticus*) no século XII e logo começará a ser chamado de chanceler. O chanceler resiste a abandonar seu monopólio. Onde esse monopólio não é absoluto, onde as abadias conquistaram uma forte posição escolar, os chanceleres constituem-se noutros adversários da corporação universitária. A cultura, afinal, é negócio de fé; o bispo reivindica a manutenção de seu controle.

Em Paris o chanceler perde, praticamente em 1213, o privilégio de conferir a *licença*, quer dizer, a autorização de ensinar. Esse direito passa aos mestres da Universidade. Em 1219 o chanceler, por ocasião da entrada de membros das ordens mendicantes na Universidade, tenta se opor a essa novidade. Perde, então, suas derradeiras prerrogativas. Em 1301, deixará mesmo de ser o chefe oficial das escolas. Por ocasião da grande greve de 1229-1231, a Universidade deixa de pertencer à jurisdição do bispo.

Em Oxford, o bispo de Lincoln, separado da Universidade por quase duzentos quilômetros, preside-a oficialmente por intermédio de seu chanceler, enquanto que o abade do mosteiro de Oseney e o prior de Saint Frideswide conservam posições apenas honoríficas. Mas logo o chanceler será absorvido pela Universidade, eleito por ela, torna-se seu oficial, em vez de ser oficial do bispo.

Em Bolonha a situação é mais complexa. A Igreja havia muito tempo estava desinteressada do ensino do direito, considerado uma atividade secular. Só em 1219 a Universidade recebeu como chefe o arcediago de Bolonha, que parece exercer a função de chanceler e, às vezes, chega a ser designado por esse nome. Mas sua autoridade é de fato exterior à Universidade. Ele se contenta em presidir às promoções, em dar a absolvição às ofensas feitas a seus membros.

Contra os poderes leigos

Contra os poderes leigos e, em primeiro lugar, contra o poder real. Os soberanos buscavam estender seu poder sobre corporações que traziam riqueza e prestígio a seu reino, formavam um viveiro no qual se apropriavam dos oficiais delas, transformando-os em seus funcionários. Àqueles habitantes de seus estados que eram os universitários das cidades de seu reino, queriam impor uma autoridade que, com o progresso da centralização monárquica no século XIII, seus súditos sentiam cada vez mais.

Em Paris a autonomia da Universidade tinha sido adquirida de modo definitivo depois dos sangrentos acontecimentos de 1229, que põem frente a frente os estudantes e a polícia real. Num confronto, vários estudantes são mortos pelos agentes de polícia reais. A maioria dos universitários entra em greve, retira-se para Orleãs. Durante dois anos quase não há curso em Paris. Só em 1231 é que São Luís e Branca de Castela reconhecem solenemente a independência da Universidade, renovam e ampliam os privilégios que Filipe Augusto tinha reconhecido em 1200.

Em Oxford, foi com o eclipse do poder de João Sem Terra excomungado que a Universidade obteve suas primeiras liberdades, em 1214. Uma série de conflitos em 1232, 1238 e 1240 entre os universitários e o rei terminou pela capitulação de Henrique III, que temeu o apoio dado por uma parte da Universidade a Simon de Monfort.

Mas também houve lutas contra o poder comunal. Os burgueses da comuna se irritam ao ver a população universitária escapar de sua jurisdição, inquietam-se com a bagunça, com a pilhagem, os crimes de alguns estudantes, não suportam que mestres e estudantes limitem seu poder econômico fazendo incidir um imposto sobre os aluguéis, impondo um teto máximo ao preço dos gêneros alimentícios, fazendo com que fosse respeitada a justiça nas transações comerciais.

Em Paris, foi na sequência de rixas entre estudantes e burgueses que a polícia real interveio brutalmente, em 1229. Em Oxford, depois do enforcamento arbitrário de dois estudantes pelos burgueses exasperados com o assassinato de uma mulher em 1209 é que a Universidade dará, em 1214, seu primeiro passo no sentido da independência. Em Bolonha, por fim, o conflito entre a Universidade e os burgueses tanto é mais violento que a Comuna, até 1278, governa a cidade de modo praticamente absoluto, sob a suserania longínqua do Imperador* que, em 1158, na pessoa de Frederico Barba-Roxa, tinha concedido privilégios aos mestres e estudantes. A Comuna tinha imposto aos professores a residência perpétua, tinha contratado funcionários, intervinha na colação de graus. A instituição do arcediago limitara sua ingerência nos negócios universitários. Uma série de conflitos seguidos de greves e de retirada de universitários refugiados em Vicenzia, em Arezzo, em Pádua, em Sena levou a Comuna à composição. A última luta teve lugar em 1321. A universidade não sofreu mais intervenções comunais.

Como as corporações universitárias conseguiam sair vitoriosas desses combates? Pela coesão e por sua determinação, em primeiro lugar. Ameaçando empregar e efetivamente utilizando esta arma terrível: a greve e a secessão. Os poderes civis e eclesiásticos consideravam que havia muitas vantagens na presença dos universitários, que representavam uma

---

*Sempre que empregado de modo absoluto, com maiúscula, Imperador se refere ao soberano do Sacro-Império Romano-Germânico. (*N. do T.*)

clientela econômica não desprezível, um viveiro único de conselheiros e de funcionários, uma fonte brilhante de prestígio, para resistir a esses meios de defesa.

Apoio e embargo do papado

Porém, acima de tudo, os universitários tinham achado um aliado todo-poderoso: o papado.

Em Paris, foi Celestino III, em 1194, que concedeu à corporação seus primeiros privilégios, e Inocêncio III e Gregório IX, sobretudo, é que asseguraram sua autonomia. Em 1215 o cardeal Robert de Courson, legado pontifício, deu à Universidade seus primeiros estatutos oficiais. Em 1231 Gregório IX, que censurou o bispo de Paris por sua incúria e forçou o rei de França e sua mãe a ceder, concedeu novos estatutos à Universidade pela famosa bula *Parens scientiarum*, da qual se diz que foi a *Grande Charte* da Universidade. Desde 1229 o pontífice tinha escrito ao bispo: *Enquanto um homem sábio em teologia é semelhante à estrela da manhã que brilha em meio à névoa e deve iluminar sua pátria pelo esplendor dos santos e aplacar as discórdias, tu não te contentaste em negligenciar esse dever mas, segundo afirmações de pessoas dignas de fé, foi por culpa de tuas maquinações que o rio do ensino das altas letras, o qual, depois da graça do Espírito Santo, irriga e fecunda o paraíso da Igreja universal, saiu de seu leito, quer dizer, da cidade de Paris, onde se exibia vigorosamente até então. Como consequência, dividido por muitos lugares, ele ficou reduzido a nada, da mesma forma que seca um rio desviado de seu leito e transformado em vários pequenos regatos.*

Em Oxford foi ainda um legado papal, de Inocêncio III, o

cardeal Nicolau de Túsculo, que permitiu o início de sua independência. Contra Henrique III, foi Inocêncio IV que a colocou *sob a proteção de São Pedro e do papa* e que encarregou os bispos de Londres e de Salisbury de protegê-la contra as ações reais.

Em Bolonha foi Honório III que pôs à testa da Universidade o arcediago que a defendeu contra a Comuna. A Universidade se emancipou definitivamente quando a cidade, em 1278, reconheceu o papa como senhor de Bolonha.

Acontecimento capital esse apoio pontifício. Sem dúvida a Santa Sé reconhece a importância e o valor da atividade intelectual; mas suas intervenções não são desinteressadas. Se tira os universitários das jurisdições leigas é para deixá-los sob a jurisdição da Igreja: assim, para conseguir esse apoio decisivo, os intelectuais se veem forçados a escolher o caminho da dependência eclesiástica, contrariando a forte corrente que os empurra para o laicismo. Se o papa retira do controle da Igreja local os universitários — e não totalmente, uma vez que ver-se-á a importância, no curso do século, das condenações episcopais no domínio intelectual — é para submetê-los à Santa Sé, integrá-los à sua política, impor-lhe seu controle e suas finalidades.

Nesse sentido, os intelectuais estão submetidos, como as ordens novas, à sé apostólica que os favorece para domesticá-los. Sabe-se como essa proteção pontifícia desviou, no decorrer do século XIII, as ordens mendicantes de seu caráter e de seus objetivos primitivos. Sabe-se, especialmente, dos silêncios e da retirada dolorosa de São Francisco de Assis diante desse desencaminhamento de sua Ordem, participante a partir daí das intrigas temporais, da repressão às heresias pela força, da política romana. Assim se fez também com os intelectuais, quanto à independência, quanto ao espírito desinteressado dos estudos e do ensino. Sem ir ao caso extremo da Universidade de Toulouse*, fundada em 1229, a pedido expresso dos papas, para lutar contra a heresia, todas as universidades, daí em diante, sofreram essa cooptação. Sem dúvida, com isso, elas ganharam a independência em relação às forças locais frequentemente mais tirânicas, ampliaram às dimensões de toda a Cristandade seus horizontes e seu brilho, ficaram sob a sujeição de um poder que, em muitas ocasiões, soube dar provas de largueza de vistas. Mas essas conquistas lhes custam caro. Os intelectuais do Ocidente tornaram-se, numa certa medida, porém seguramente, agentes pontifícios.

CONTRADIÇÕES INTERNAS DA CORPORAÇÃO UNIVERSITÁRIA

É preciso ver, desde agora, o que há de excepcional na corporação universitária, e que explica sua ambiguidade fundamental na sociedade e a leva a suas crises de estrutura.

Trata-se, em primeiro lugar, de uma corporação eclesiástica. Ainda que seus integrantes estejam longe de pertencer todos às ordens; ainda que, cada vez mais, ela vá abrigar em suas fileiras puros leigos, os universitários passam todos por clérigos, estão ligados às jurisdições eclesiásticas, mais ainda: à jurisdição de Roma. Nascidos de um movimento que caminhava para o laicismo, integram-se à Igreja, mesmo quando buscam, institucionalmente, dela sair.

Corporação cuja meta é o monopólio *local* e que lucra amplamente com os avanços nacionais ou locais (a Universidade de Paris é inseparável do crescimento do poder dos Capetos, a de Oxford está ligada ao crescimento do poder da monarquia inglesa, a de Bolonha se beneficia com a vitalidade das

---

*Em Portugal usa-se sempre a forma aportuguesada Tolosa. Como, entretanto, o hábito não se repete no Brasil, preferimos manter aqui a forma francesa. (*N. do T.*)

comunas italianas), ela é, de modo único, *internacional*, em seus membros (mestres e estudantes vindos de todos os países); na matéria de sua atividade (a ciência que não conhece fronteiras); e em seus horizontes, ao ser sancionada a *licentia ubique docendi*, o direito de ensinar por toda parte [ao pé da letra: licença para ensinar em qualquer lugar], de que se beneficiam estatutariamente os graduados das maiores universidades. Não tem, como as outras corporações, monopólio sobre o mercado local. Sua área de atuação é a Cristandade.

Desse modo, já naquela época, ela ultrapassa o quadro urbano em que nasceu. Melhor ainda, é levada a se opor — violentamente, às vezes — aos habitantes da cidade, tanto no plano econômico quanto no plano jurisdicional e político.

Parece, assim, condenada a cavalgar as classes e os grupos sociais. Parece destinada, em relação a todos, a uma sucessão de traições. Para a Igreja, para o Estado, para a Cidade, ela pode ser um cavalo de Troia. Ela é inclassificável.

A cidade de Paris, escreve no fim do século o dominicano Tomás da Irlanda, *está, como Atenas, dividida em três partes: uma é a dos mercadores, dos artesãos e do popular, a que chamamos a grande cidade; a outra, a dos nobres, onde está a corte do rei e a igreja catedral, a que chamamos a Cité; a terceira, essa dos estudantes e dos colégios, a que chamamos a Universidade.*

Organização da corporação universitária

A corporação universitária parisiense pode ser tomada como típica. Durante o século XIII ela definiu, a um tempo, sua organização administrativa e sua organização profissional. Compunham-na quatro faculdades (*Artes*, *Decreto* ou *Direito Canônico* — o papa Honório III proibiu-lhe o ensino do Direito Civil em 1219 —, *Medicina* e *Teologia*), que formavam outras tantas corporações na universidade. As faculdades ditas *superio-*

res, Decreto, Medicina e Teologia, são dirigidas pelos mestres titulares ou *regentes*, à frente dos quais está um *decano*. A Faculdade das Artes, de longe a mais numerosa em matéria de alunos, tem por base o sistema das *nações*. Mestres e estudantes nela se agrupam segundo uma divisão correspondente grosseiramente a seu lugar de origem. Paris tem quatro nações: a *francesa*, a *picarda* [da Picardia], a *normanda* e a *inglesa*. À frente de cada nação está um *procurador*, eleito pelos regentes. Os quatro procuradores assessoram o *reitor*, cabeça da Faculdade das Artes.

Mas a Universidade dispõe de organismos comuns às quatro faculdades. São, porém, organismos frágeis, porque as faculdades têm poucos problemas em comum a debater. Não há terrenos ou construções relevantes do conjunto das corporações, com exceção do terreno de jogos do Pré-aux-clercs [Campo dos Clérigos], fora dos muros. A Universidade, à maneira das faculdades e das nações, reúne-se nas igrejas ou nos conventos onde é acolhida como hóspede: em Saint-Julien-le-Pauvre, entre os dominicanos ou os franciscanos, na sala capitular dos bernardos ou dos cistercienses, mais frequentemente no refeitório dos maturinos*. Lá é que se reunia a assembleia geral da Universidade composta pelos mestres regentes e não regentes.

---

*Maturinos era o nome que se dava aos frades da Ordem da Trindade, ou trinitários, porque estes se instalaram numa igreja parisiense consagrada em 1228, a São Maturino (na qual ficava o refeitório citado). Dedicavam-se a resgatar os cristãos cativos dos Estados bárbaros e desapareceram com a Revolução de 1789. Quanto ao santo, é personagem de vida lendária, padre e confessor que viveu nos séculos IV e V. Ordenou-se padre depois de converter os pais e foi para Roma, onde, diz-se, curou a filha do imperador Maximiano. Foi muito popular na França medieval, invocado para a cura dos loucos. Tanto que seu nome ficou em várias expressões da língua francesa, como "cólica de São Maturino" (loucura), "mandar para São Maturino" (mandar para o hospício), "acender uma vela para São Maturino" (ser doido). O próprio nome do santo também andou sendo usado como substantivo comum, com minúscula (*mathurin*), significando "maníaco", ou "homem que se finge de louco". (*N. do T.*)

Ao longo do século emerge, afinal, um chefe da Universidade: o reitor da Faculdade das Artes. Voltaremos a falar da evolução que fez dessa faculdade a *líder* da Universidade. Deve à Faculdade das Artes essa preeminência ao número de seus membros, ao espírito que a anima e, mais que tudo, à sua função financeira. O reitor dos *artistas* dispõe sobre as finanças da Universidade e preside a assembleia geral. No fim do século, ele é o chefe reconhecido da corporação. Conquistou definitivamente essa posição durante as lutas entre seculares e regulares de que falaremos mais adiante. Sua autoridade, entretanto, será sempre limitada no tempo. Se bem que reelegível, o período em que exerce suas funções não passa de três meses.

Com variações muitas vezes consideráveis, essa organização se repete nas outras universidades. Em Oxford não há um reitor único. O chefe da Universidade é o *chanceler*, cuja escolha cedo se definiu através de eleição por seus colegas, como se viu. Desde 1274 o sistema das *nações* desaparece de Oxford. Sem dúvida, o fato se explica pelo caráter eminentemente regional do recrutamento. A partir dessa data deixam de existir os corpos distintos que reuniam, de um lado, Setentrionais ou *Boreais* (incluindo os escoceses) e, de outro lado, Meridionais ou *Austrais* (compreendendo também galeses e irlandeses).

Em Bolonha está a primeira originalidade: os professores não fazem parte da Universidade. As corporações universitárias agrupam apenas estudantes. Os mestres formam o *colégio dos Doutores*. Em rigor, Bolonha compreende diversas universidades. Cada faculdade forma uma corporação à parte. Mas a preponderância das duas universidades de juristas — a civil e a canônica — é quase total. Essa preponderância se reforça no curso do século com o fato de que os dois organismos praticamente se fundem. Quase sempre um único reitor está à frente da instituição. Como em Paris, as *nações* é que o escolhem — é muito vivo e muito complexo o sistema das *nações* em Bolonha. Duas federações as agrupam, a dos *Citramontanistas* e a dos *Ultramontanistas*. Cada uma delas está dividida em muitas seções, em número variável — até dezesseis para os Ultramontanistas —, representadas por conselheiros (*consiliarii*) que desempenham um papel importante junto ao reitor.

O poder da corporação universitária baseia-se em três privilégios essenciais: a autonomia jurisdicional — no quadro da Igreja, com algumas restrições locais, e o poder de apelação do papa —, o direito de greve e de secessão, o monopólio da colação dos graus universitários.

Organização dos estudos

Depois, os estatutos universitários regulamentam a organização dos estudos. Definem a duração dos estudos, os programas de cada curso, as condições dos exames.

As indicações a respeito da idade dos estudantes e da duração dos estudos infelizmente são imprecisas e muitas vezes contraditórias. Variaram segundo os momentos e os lugares, e alusões esparsas nos fazem pressentir que a prática às vezes se afastava muito da teoria.

Em primeiro lugar, com que idade se entrava na universidade e com que bagagem? Muito jovem, sem dúvida, mas aqui surge o problema: as escolas de gramática faziam ou não faziam parte da universidade, o ensino da escrita, por exemplo, era dado antes da entrada na universidade ou, como pretende Istvan Hajnal, constituía uma de suas funções essenciais? Um fato indiscutível é que a Idade Média distinguiu mal as ordens de ensino: as universidades medievais não são apenas estabelecimentos de ensino superior. Nosso ensino primário e secundário realizava-se parcialmente dentro delas ou por elas era controlado. O sistema dos *colégios* — do qual falaremos adiante — ainda aumenta essa confusão recebendo meninos a partir da idade de oito anos.

Pode-se dizer, grosso modo, que o ensino básico das universidades — o das *artes* — durava seis anos para alunos entre os 14 e os 20 anos; isso é que prescreviam em Paris os estatutos de Robert de Courson. Compreendia duas etapas: o diploma do secundário (*baccalauréat*) ao fim de dois anos, pouco mais pouco menos, e o doutoramento (*doctorat*), no fim dos estudos. Medicina e Direito eram cursos para as idades seguintes, entre 20 e 25 anos. Os primeiros estatutos da Faculdade de Medicina de Paris prescrevem seis anos de estudos para a obtenção de licença ou doutoramento em Medicina — uma vez obtido o mestrado em Artes. A Teologia, por fim, exigia longo fôlego. Os estatutos de Robert de Courson exigem oito anos de estudo e idade mínima de 35 anos para obtenção do doutoramento. Na verdade, a duração da formação do teólogo parece ter chegado mesmo a quinze ou dezesseis anos: simples ouvinte durante os seis primeiros anos, o aluno devia cumprir os estágios a seguir: explicar especialmente a Bíblia durante quatro anos, as *Sentenças* de Pierre Lombard durante dois anos.

PROGRAMAS

O ensino consistia, essencialmente, em um comentário de textos, mas os estatutos mencionavam também as obras do programa de exercícios universitários. Também neste ponto, os autores variam quanto às datas e lugares. Na Faculdade das Artes, lógica e dialética estão à frente, pelo menos em Paris, onde quase todo Aristóteles é exigido nos comentários, enquanto que em Bolonha dele só se exigem resumos, e insiste-se mais na retórica com o *De inventione*, de Cícero, e a *Retórica a Herennius*, além das ciências matemáticas e astronômicas especialmente com Euclides e Ptolomeu. Entre os decretistas, o *Decreto de Graciano* é o manual de base. Os bolonheses a ele acrescentarão as *Decretais de Gregório IX*, as *Clementinas* e as *Extravagantes**. Para o Direito Civil, os comentários têm como base as Pandectas [*Pandectae*] divididas em três partes: *Digestum vetus*, *Infortiatum* e *Digestum novum*, sobre o Código e sobre uma coleção de tratados chamada *Volumen* ou *Volumen parvum* e que compreendia as *Institutiones* e as *Authentica*, quer dizer, a tradução latina das novelas** de Justiniano. Bolonha acrescentava a esses tratados uma compilação de leis lombarda: o *Liber feudorum*. A Faculdade de Medicina fundamentava-se na *Ars medicinae*, coleção de textos reunidos no século XI por Constantino, o Africano, e compreendendo obras de Hipócrates e de Galeno, às quais foram acrescentadas mais tardes as grande sumas árabes: o *Canon*, de Avicena, o *Colliget* ou *Correctorium*, de Averroés, o *Almansor*, de Razés. Os teólogos acrescentavam à Bíblia, como textos fundamentais, o *Livro das sentenças*, de Pierre Lombard, e a *Historia scholastica*, de Pedro, o Comedor.

---

*Extravagantes significa "fora do *Corpus*". São constituídas basicamente pelas coleções formadas, por juristas, das decretais de João XXII e das de diversos outros papas (*extravagantes communes*). No século XVI viriam a entrar oficialmente no *Corpus juris canonici*. (N. do T.)

**É o nome dado em direito romano às constituições que se acrescentaram a um código publicado um pouco antes, sob um mesmo imperador: *Novelas de Justiniano*, *Novelas de Teodósio*. Quando o emprego é absoluto, *Novelas* [*Novellae constitutiones*], a referência é às de Justiniano. São os editos ou constituições de Justiniano posteriores a seu Código (do ano de 534), sobretudo de 535 a 555, apresentadas mais frequentemente, ainda que na capital bizantina (Constantinopla), em latim. A tradução integral para o latim de todo o *Código justiniano* e das *Novelas* é conhecida como "*vulgata*". (N. do T.)

Exames

Por fim, eram regulamentados os exames e a obtenção dos graus. Também aqui, cada universidade tinha seu uso, e os modificava com o tempo. Eis dois currículos escolares típicos: o do jurista bolonhês e o do *artista* parisiense. O novo doutor bolonhês obtinha seu grau em duas etapas: o exame propriamente dito (*examen* ou *examen privatum*) e o exame público (*conventus, conventus publicus, doctoratus*), que era mais uma cerimônia de investidura.

Algum tempo antes do exame privado o candidato era apresentado pelo *consiliarius* de sua nação ao reitor, ao qual jurava que cumpriria as condições exigidas pelos estatutos e que não tentaria corromper os examinadores. Na semana que precedia a data do exame, um dos mestres o apresentava ao arcediago, respondendo por sua capacidade de enfrentar a prova. Na manhã da prova, depois de ouvir a Missa do Espírito Santo, o candidato comparecia diante do colégios dos doutores, um dos quais lhe dava duas passagens para comentar. O examinando retirava-se, então, para sua casa a fim de preparar esse comentário que faria no fim do dia em um local público (mais frequentemente a catedral), diante de um júri de doutores, em presença do arcediago, que não podia intervir. Depois do comentário exigido, ele respondia às perguntas dos doutores, que em seguida se retiravam e votavam. Quando se chegava a uma decisão por maioria, o arcediago proclamava o resultado.

Aprovado no exame, o candidato tornava-se licenciado, mas não recebia o título de doutor e, na verdade, não podia ensinar como mestre a não ser depois do exame público. Conduzido com pompa à catedral, lá o licenciado fazia naquele dia um discurso e lia uma tese sobre um ponto de direito, que defendia em seguida contra estudantes que o contradiziam, desempenhando assim, pela primeira vez, o papel do mestre numa disputa universitária. O arcediago concedia-lhe, então, solenemente a licença para ensinar e eram-lhe entregues as insígnias de sua função: uma cátedra, um livro aberto, um anel de ouro e a boina ou barrete.

Um grau preliminar era exigido do jovem *artista* parisiense. Sem que se possa afirmar com certeza, é provável que fosse depois do primeiro exame: a *determinatio*, que tornava o estudante bacharel. A *determinatio* era precedida por duas provas que se constituíam como que num exame prévio. Antes de mais nada, o candidato devia sustentar um debate com um mestre durante as *responsiones*, realizadas no mês de dezembro, e na Quaresma teria lugar o exame. Se ele tivesse tido sucesso na prova, seria admitido ao *examen determinantium* ou *baccalariandorum*, no qual tinha de provar que satisfazia às prescrições dos estatutos e manifestar, através de suas respostas às questões de um júri de mestres, que conhecia os autores inscritos em seu programa. Ultrapassada essa etapa, chegava-se à *determinatio*: durante a Quaresma, ele dava uma série de cursos em que devia mostrar sua capacidade de prosseguir na carreira universitária.

Segunda etapa: o exame propriamente dito que leva à licença e ao doutoramento. Aqui, mais uma vez, muitas fases. A mais importante consistia numa série de comentários e de respostas a questões feitas por um júri de quatro mestres, presidido pelo chanceler ou pelo vice-chanceler. O candidato aprovado recebia solenemente, alguns dias mais tarde, a licença das mãos do chanceler, durante uma cerimônia na qual devia pronunciar uma conferência (*collatio*), apenas uma formalidade. Mais ou menos seis meses mais tarde é que ele se tornava efetivamente doutor, em uma *inceptio* [iniciação], correspondente ao *conventus* [assembleia] bolonhês. Na véspera, tomava parte em uma discussão solene chamada de *vésperas*. No dia da *inceptio*, ele dava sua aula inaugural em presença da faculdade e recebia as insígnias de sua graduação.

Os estatutos universitários compreendiam, enfim, uma série de disposições que, a exemplo das outras corporações, definiam o clima moral e religioso da corporação universitária.

CLIMA MORAL E RELIGIOSO

Prescreviam — ao mesmo tempo que limitavam — as festas e diversões coletivas. Os exames eram, de fato, realizados em meio a uma programação de presentes, de festejos e de banquetes — à custa dos novos graduados — que selavam a comunhão espiritual do grupo e a admissão do novo membro em seu seio. O beber em comum, as *potaciones** das primeiras associações corporativas, eram manifestações que correspondiam ao rito no qual a corporação tomava consciência de sua solidariedade profunda. A tribo intelectual se revelava nesses jogos aos quais cada país levava às vezes sua nota tradicional: bailes na Itália, corridas de touros na Espanha.

Acrescentemos a isso os ritos de iniciação, não oficializados pelos estatutos, que recepcionavam o novo estudante em sua chegada à universidade: o recruta, o calouro, que

---

*O substantivo latino *potatio, onis*, deverbal de *potare* (beber), significa exatamente a ação de beber, mais particularmente de beber vinho. É curioso lembrar que a expressão *extrema potatio* (os últimos copos de vinho que se bebiam à mesa), empregada por Sêneca (como está no excelente Saraiva), corresponde exatamente à nossa expressiva "saideira". O comediógrafo Plauto emprega *potatio* (*potationes* é o nominativo plural, e *potaciones*, como está no original, deve ser a grafia do latim medieval) como sinônimo de orgia, grupo de pessoas bebendo em excesso: a acepção não deve estar muito longe das manifestações da corporação universitária de que trata o Autor. (N. do T.)

nossos textos chamam de *béjaune**. Conhecemos esses ritos por um curioso documento de época posterior, o *Manuale scolarium* do fim do século XV, em que é possível discernir as origens longínquas desses costumes estudantis. A iniciação do novato é descrita como uma cerimônia de "purgação" destinada a despojar o adolescente de seu jeito rústico, até mesmo xucro. Ironizam-se o seu cheiro de animal selvagem, seu olhar desvairado, suas orelhas compridas, seus dentes parecidos com presas. Arrancam-se-lhe chifres e excrescências imaginárias. Lavam-no, dão-lhe um polimento nos dentes. Numa paródia de confissão, ele confessa, por fim, seus vícios extraordinários. Desse modo o futuro intelectual abandona sua condição original, que se parece muito com a imagem do camponês, do rústico da literatura satírica da época. Da animalidade à humanidade, da rusticidade à urbanidade, essas cerimônias em que o velho fundo primitivo aparece deturpado e quase esvaziado de seu conteúdo original lembram que o intelectual foi arrancado do clima rural, da civilização agrária, do mundo selvagem da terra. O antropólogo teria uma palavra a dizer na psicanálise dos clérigos.

A PIEDADE UNIVERSITÁRIA

Os estatutos preveem, por fim, as obras piedosas, os atos de beneficência que a corporação universitária terá de cum-

---

*A formação da palavra está evidente nela mesma: *béjaune* vem de *bec jaune*, quer dizer, bico amarelo, isto é, o filhote de passarinho cujo bico ainda não tem definida a sua cor futura, é sempre meio amarelado nos primeiros dias. Daí o significado de ingênuo e, por extensão, bobinho, pateta, papalvo, tolo. Na linguagem coloquial, assumiu o significado de rapaz inexperiente, novato em qualquer ofício ou corporação, ou seja, entre os universitários, calouro. (*N. do T.*)

prir. Exigem de seus membros a assistência a alguns ofícios religiosos, a certas procissões, a prática de certas devoções.

O principal, sem dúvida, é a piedade em relação aos santos padroeiros e em primeiro lugar em relação a São Nicolau, padroeiro dos estudantes, aos santos Cosme e Damião, padroeiros dos médicos, e de muitos outros. Encontra-se com singular insistência na iconografia universitária a tendência corporativa a misturar intimamente o mundo sagrado com o mundo profano dos ofícios. Essa iconografia adora lembrar Jesus entre os doutores, representar os santos guarnecidos dos atributos dos mestres, vesti-los como se vestem os mestres.

A piedade universitária inscreve-se nas grandes correntes da espiritualidade. Vê-se nos estatutos de um colégio parisiense do século XVI, o colégio da *Ave Maria*, a parcela dos mestres e estudantes presentes à devoção eucarística, então ganhando pleno impulso, na procissão de *Corpus Christi*.

Inscreve-se na religião dos intelectuais aquela tendência da espiritualidade, a partir do século XIII, de buscar seu lugar nos quadros profissionais da sociedade que o mundo urbano definiu. A moral profissional torna-se uma das marcas privilegiadas da religião. Os manuais de confessores, preocupados em se adaptar às atividades específicas dos grupos sociais, regulamentam a confissão e a penitência segundo as categorias profissionais, classificam e definem os pecados dos camponeses, dos mercadores, dos artesãos, dos juízes etc. Dão uma atenção especial aos pecados dos intelectuais, dos universitários.

Mas a religião dos clérigos não se contenta em seguir as correntes da devoção. Busca, por vezes, orientá-los ou definir entre eles um setor que lhe seja próprio. Seria instrutivo estudar, quanto a isso, a piedade marial entre os intelectuais — piedade fortemente viva nesse meio. Nos meios universitários circulavam, desde o início do século XIII, poemas e preces dedicadas especialmente à Virgem. Entre os poemas, a coletânea *Stella Maris* [*Estrela do Mar*], do professor parisiense Jean de Garlande, é o mais célebre. Não há nada de espantoso nessa piedade que introduz uma presença feminina num meio que, apesar da herança dos goliardos, é essencialmente um meio de homens e de celibatários. Mas a piedade marial dos intelectuais tem suas características próprias. Permanece sempre impregnada de teologia, e as discussões sobre a Imaculada Conceição nesse meio serão apaixonadas. Se um Duns Scot será o campeão inflamado dessas discussões, haverá a oposição, por motivos dogmáticos, de um Santo Tomás de Aquino, que, de resto, nesse ponto seguirá a posição do grande devoto da Virgem que foi, no século precedente, São Bernardo. Parece, sobretudo, que os intelectuais estavam preocupados em conservar, no culto marial, ressonâncias intelectuais. Pareciam desejosos de evitar que se caísse numa piedade muito afetiva e no caso pretendiam manter o equilíbrio entre as aspirações do espírito e os impulsos do coração. No prefácio do *Stella Maris*, Jean de Garlande revelou ingenuamente essa tendência: *"Reuni"*, diz ele, *"milagres da Virgem extraídos das narrativas que achei na biblioteca de Sainte-Geneviève de Paris e os pus em versos para meus alunos de Paris a fim de lhes dar um exemplo vivo... A causa material deste livro são os milagres da Virgem gloriosa. Mas nele inseri fatos que interessam à física, à astronomia e à teologia. A causa final está, de fato, na fé permanente no Cristo. Essa causa também supõe a teologia e até a física e a astronomia."* Vê-se: essa *Estrela do Mar* os universitários queriam que iluminasse também a ciência.

O EQUIPAMENTO

Homem de ofício, o membro da corporação universitária dispõe, no século XIII, de um equipamento de trabalho completo. Escritor, leitor, professor, está rodeado dos instrumentos exigidos para suas atividades. Lemos no dicionário do mestre parisiense Jean de Garlande: *"Eis os instrumentos necessários aos clérigos: livros, uma escrivaninha, uma lâmpada noturna com sebo e um castiçal, uma lanterna, e uma peça de boca ampla com tinta, uma pena, um fio de prumo e uma régua, uma mesa, e uma férula, uma cadeira, um quadro-negro, uma pedra-pomes com uma raspadeira e giz. A escrivaninha (pulpitum) chama-se estante (letrum) em francês; deve-se observar que é provida de uma graduação através de entalhes que permitem alçá-la à altura em que se vai ler, porque a estante é o descanso onde se põe o livro. Chama-se raspadeira (plana) um instrumento de ferro com o qual os pergaminheiros preparam o pergaminho."*

Foram descobertos outros instrumentos que, se não estão entre aqueles que todo clérigo emprega, fazem parte do equipamento de seus auxiliares, os copistas, por exemplo: especialmente uma tira de pergaminho e uma carretilha permitindo localizar o ponto em que se tinha parado na cópia.

Especialista, o intelectual acumula uma parafernália que o torna bem diferente do clérigo da Alta Idade Média para cujo ensinamento, essencialmente oral, exigia-se um mínimo de apetrechos, necessários apenas para o preparo de raros manuscritos, cuja técnica dava importância em primeiro lugar aos cuidados estéticos.

Se os exercícios orais permaneceram essenciais na vida universitária, o livro tornou-se a base do ensino. Compreende-se, vendo-se a tralha que agora se acumula em torno do intelectual, que um São Francisco de Assis, apóstolo do despojamento, seja hostil, entre outras razões, a essa atividade, na qual o equipamento material se torna necessário e cada vez mais dominador.

O LIVRO COMO INSTRUMENTO

O livro universitário é um objeto muito diferente do livro da Alta Idade Média. Agora, o livro se liga a um contexto técnico, social e econômico totalmente novo. É expressão de uma outra civilização. A própria escrita muda e se adapta às novas condições, como bem viu Henri Pirenne: "*O cursivo corresponde a uma civilização em que a escrita é indispensável à vida da coletividade tanto quanto à dos indivíduos; a minúscula (da época carolíngia) é uma caligrafia apropriada à classe dos letrados, no seio da qual a instrução se confina e se perpetua. É altamente significativo constatar que o cursivo reaparecerá ao lado dela na primeira metade do século XIII, quer dizer, precisamente na época em que o progresso social e o desenvolvimento da economia e da cultura leigas irão generalizar outra vez a necessidade da escrita.*" Os belos trabalhos do padre Destrez[1] mostraram todo o alcance da revolução que se opera no século XIII na técnica do livro, cuja arte está na oficina universitária.

Não apenas os autores que constavam do programa deviam ser lidos pelos mestres e os estudantes, mas os cursos dos professores deviam ser conservados. Os estudantes acompanhavam os cursos tomando notas (*relationes*) e possuímos um certo número delas. Melhor ainda, esses cursos eram publicados e deviam sê-lo rapidamente para que pudessem ser consultados no momento dos exames. Assim, tinha que ser produzido um certo número de exemplares ao mesmo tempo. A base desse trabalho é a *pecia*. Leiamos a descrição do padre Destrez: "*Uma primeira cópia oficial da obra que se pretende pôr em circulação é feita em cadernos de quatro fólios, deixados independentes uns dos outros. Cada um desses ca-

---

[1] *La pecia dans les manuscrits universitaires du XIIIe et du XIVe s.*, 1935.

dernos, feito de uma pele de carneiro dobrada em quatro, chama-se peça: pecia. *Graças a essas peças, que os copistas reproduzem uma após outra, e cuja reunião constitui isso a que chamamos o exemplar, o espaço de tempo gasto por um único copista para fazer uma única cópia torna-se suficiente, no caso de uma obra que compreende sessenta peças, para que quarenta escribas possam operar cada um sua transcrição sobre um texto corrigido sob o controle da Universidade e se torna de todo modo texto oficial."*

Essa publicação do texto oficial dos cursos teve importância capital nas universidades. Os estatutos da Universidade de Pádua declaram em 1264: *se não houvesse exemplares não haveria Universidade.*

A intensificação do uso do livro pelos universitários cria uma série de consequências. Progressos obtidos na confecção do pergaminho permitem obter folhas não tão espessas, mais flexíveis e menos amarelas do que as dos manuscritos anteriores. Na Itália, onde a técnica é mais avançada, as folhas são muito finas e de uma brancura brilhante.

O formato do livro muda. Antes ele era sensivelmente aquele de nossos in-fólios. *É uma dimensão que só convém a manuscritos escritos nas abadias e que lá devem permanecer.* Agora o livro é consultado muitas vezes, transportado de um lugar para outro. Seu formato diminui, torna-se mais fácil de ser manuseado.

A minúscula gótica, mais rápida, substitui a antiga letra. Varia de acordo com os centros universitários: há a minúscula gótica parisiense, a inglesa, a bolonhesa. Também ela corresponde a um progresso técnico. O abandono da pena feita de caniço pela pena de pássaro, em geral de ganso, dá *"mais comodidade e rapidez ao trabalho".*

A ornamentação dos livros diminui: capitulares e miniaturas são feitas em série. Se os manuscritos de direito se tornam muitas vezes luxuosos, pois os juristas em geral pertencem a uma classe rica, os livros dos filósofos e dos teólogos, na maioria das vezes pobres, só excepcionalmente têm miniaturas. Frequentemente o copista deixou em branco o lugar das capitulares e das miniaturas para que um comprador modesto possa adquirir o manuscrito assim, enquanto que um freguês mais rico mandava pintar os espaços reservados.

A esses pormenores significativos acrescentemos a abundância crescente das abreviaturas — é preciso produzir rapidamente —, os progressos da numeração das páginas, da rubricação*, do índice das matérias, a presença às vezes de uma lista de abreviaturas, o recurso, sempre que possível, à ordem alfabética na apresentação. Tudo feito para facilitar uma consulta rápida. O desenvolvimento do ofício de intelectual produziu a era dos manuais — do livro manuseável e que se manuseia. Testemunho impressionante da aceleração da velocidade de circulação da cultura escrita e sua difusão. Completa-se uma primeira revolução: o livro não é mais um objeto de luxo, tornou-se instrumento. É um nascimento, mais que um renascimento, enquanto não se chega à impressão.

Instrumento, o livro se torna produto industrial e objeto comercial. À sombra das universidades desenvolve-se uma categoria de copistas — frequentemente são estudantes pobres que com isso ganham sua subsistência — e de livreiros (*stationarii*). Indispensáveis ao canteiro universitário, criam condições para que nele sejam admitidos como trabalhadores de pleno direito. Conseguem beneficiar-se com privilégios

---

*Rubricar é usar a cor vermelha nos títulos de capítulos ou na inicial de sua primeira palavra, hábito que se tornou muito frequente na escrita da Idade Média em qualquer tipo de obra. Inspirava-se nos títulos das leis nos manuscritos romanos de direito civil, sempre em vermelho. "Rubrica", do latim *ruber* (vermelho), tornou-se o nome desses títulos e na Roma clássica chegava a designar às vezes o próprio direito civil. (N. do T.)

universitários, passam ao domínio da jurisdição universitária. Engordam os efetivos da corporação, aumentam-na com uma expansão total de artesãos auxiliares. A indústria intelectual tem suas indústrias anexas e derivadas. Alguns desses produtores e comerciantes são já grandes personagens. Ao lado "dos artesãos cuja atividade se reduzia à venda de algumas obras de ocasião", outros "expandem essa atividade até o ponto de se tornarem editores internacionais".

O MÉTODO: A ESCOLÁSTICA

Com seu equipamento, o técnico intelectual tem seu método, a escolástica. De eruditos ilustres, à frente dos quais está monsenhor Grabmann, contou-se a constituição e a história. O padre Chenu em sua *Introduction à l'étude de saint Thomas d'Aquin* expôs isso de maneira luminosa. Dessa escolástica, vítima de difamações seculares e na qual é tão difícil penetrar sem aprendizagem, de tal forma é desencorajador seu aspecto técnico, tentemos separar o rosto e o alcance. A palavra do padre Chenu nos serve de fio condutor: *Pensar é um* ofício *cujas leis estão minuciosamente fixadas.*

VOCABULÁRIO

Leis da linguagem em primeiro lugar. Se das famosas controvérsias entre realistas e nominalistas estava repleto o pensamento medieval, é que os intelectuais da época davam às palavras um justo poder e se preocupavam em definir-lhe o conteúdo. É essencial para eles saber que relações existem entre a palavra, o conceito, o ser. Nada mais extremo do que esse cuidado com o verbalismo de que foi acusada a escolástica e no qual, aliás, ela caiu por vezes, no século XIII e não poucas vezes depois dele. Os pensadores e os professores da Idade Média querem saber de que falam. A escolástica faz-se à base de gramática. Os escolásticos são os herdeiros de Bernard de Chartres e de Abelardo.

Dialética

Leis da demonstração, a seguir. O segundo estágio da escolástica é a dialética, conjunto de procedimentos que fazem do objeto do saber um problema, que os dialéticos expõem, defendem sua solução contra os opositores, resolvem-no e convencem o ouvinte ou o leitor. O perigo aqui é o raciocínio vazio — não mais o verbalismo, porém a verborragia. À dialética é preciso dar um conteúdo não apenas de palavras mas de pensamento eficaz. Os universitários são os descendentes de João de Salisbury, que dizia: *A lógica, por si só, fica exangue e estéril; não carrega em si nenhum fruto do pensamento, se, por outro lado, não concebe.*

Autoridade

A escolástica se alimenta de textos. Trata-se de um método de autoridade, que se apoia sobre uma dupla base das civilizações precedentes: o Cristianismo e o pensamento antigo enriquecido, como se viu, pela contribuição árabe. É fruto de um momento, de um renascimento. Digere o passado da civilização ocidental. A Bíblia, os Padres, Platão, Aristóteles, os árabes são os dados do saber, os materiais de construção. O perigo aqui é a repetição, o psitacismo, a imitação servil. Os escolásticos herdaram dos intelectuais do século XII o sentido agudo do progresso necessário e inelutável da história e do pensamento. Com os materiais, construíram sua obra. Aos alicerces acrescentaram andares novos, ergueram edifícios originais. São da linhagem de Bernard de Chartres, montados nas costas dos Antigos para ver mais longe. *Jamais*, diz Gilbert de Tournai, *acharemos a verdade, se nos contentarmos com o que já existe... Os que escreveram antes para nós não são senhores, mas guias. A verdade está aberta a todos, ainda não foi possuída por inteiro.* Admirável ímpeto do otimismo intelectual, oposição ao triste *Tudo está dito, chegamos muito tarde...*

RAZÃO: A TEOLOGIA COMO CIÊNCIA

É que às leis da imitação a escolástica uniu as leis da razão, às prescrições da autoridade, os argumentos da ciência. Melhor ainda, e eis um progresso decisivo do século, a teologia apela para a razão, torna-se uma ciência. Os escolásticos desenvolvem o convite implícito da Escritura que incita o crente a explicar o motivo de sua fé: *Esteja sempre pronto a satisfazer a quem o interrogar, a explicar o que são para você a fé e a esperança* (1Pedro 3, 15). Respondem ao apelo de São Paulo para quem a fé é *o argumento das coisas invisíveis (argumentum non apparentium)* (Hebreus 11, 1). Depois de Guillaume d'Auvergne, pioneiro nesse domínio, e até Santo Tomás, que fará da ciência teológica a exposição mais segura, os escolásticos recorrem à razão teológica, *razão iluminada pela fé (ratio fide illustrata)*. A fórmula profunda de Santo Anselmo — *fides quaerens intellectus, a fé em busca da inteligência* — estará esclarecida quando Santo Tomás estabelecer como princípio: *a graça não faz desaparecer a natureza, mas a completa (gratia non tollit naturam sed perficit)*.

Nada menos obscurantista do que a escolástica para a qual a razão se completa na inteligência, cujos raios se tornam luz. Assim fundamentada, a escolástica foi construída no trabalho universitário, com seus processos próprios de exposição.

Os exercícios: *quaestio*, *disputatio*, *quodlibet*

Com base no comentário de texto, a *lectio*, análise em profundidade que parte da análise gramatical, a qual produz a letra (*littera*), ergue-se a explicação lógica que fornece o sentido (*sensus*) e termina pela exegese que revela o conteúdo da ciência e do pensamento (*sententia*).

Mas o comentário provoca a discussão. A dialética permite ultrapassar a compreensão do texto para ir aos problemas que levanta, faz com que o texto se apague diante da busca da verdade. Uma extensa problemática substitui a exegese. De acordo com procedimentos próprios, a *lectio* se desenvolve em *quaestio*. O intelectual universitário nasce a partir do momento em que põe em questão o texto, que não é mais do que uma base, e então de passivo se torna ativo. O mestre deixa de ser um exegeta, torna-se um pensador. Dá suas soluções, cria. Sua conclusão da *quaestio*, a *determinatio*, é a obra de seu pensamento.

A *quaestio*, no século XIII, separa-se mesmo de todo texto. Existe por si própria. Com a participação ativa dos mestres e dos estudantes, transforma-se em objeto de uma discussão, torna-se a *disputatio*.

O padre Mandonnet[1] dela nos deu uma descrição clássica: *Quando um mestre disputava* [dirigia uma discussão] *todas*

---
[1] *Revue Thomiste*, 1928, pp. 267-269.

as aulas dadas na parte da manhã pelos outros mestres e pelos diplomados da faculdade cessavam, só o mestre que mantinha sua disputa dava uma aula curta para permitir que os assistentes chegassem; a disputa começava em seguida. Preenchia uma parte mais ou menos considerável da manhã. Todos os diplomados da faculdade e os alunos do mestre que disputava tinham de assistir ao exercício. Os outros mestres e estudantes, parece, estavam liberados; mas não há dúvida de que uma parte deles permanecia lá, em maior ou menor número, dependendo da reputação do mestre e do tema da discussão. O clero parisiense, assim como os prelados e outras autoridades eclesiásticas de passagem pela capital, frequentava habitualmente essas justas que apaixonavam os espíritos. A disputa era o torneio dos clérigos.

A questão a ser discutida na disputa era previamente fixada pelo mestre que devia sustentar a disputa. Assim que se fixava o dia, era anunciada nas outras escolas da faculdade...

A disputa realizava-se sob a direção do mestre; mas não era exatamente ele que disputava. Era um diplomado que assumia a função de responder e assim se iniciava no aprendizado desses exercícios. As objeções eram apresentadas, de ordinário, com sentidos diversos, primeiramente pelos mestres, depois pelos diplomados, e por fim, se ainda coubesse, pelos estudantes. O diplomado respondia aos argumentos propostos e, quando era necessário, o mestre o auxiliava. Tal era, sumariamente, o aspecto de uma disputa normal; mas essa era apenas sua primeira parte, se bem que a principal e a mais movimentada.

As objeções propostas e resolvidas, no desenvolvimento da disputa, sem ordem preestabelecida, apresentavam afinal uma matéria doutrinária bastante desordenada, de qualquer modo mais semelhante a materiais incabados de um canteiro de obra do que aos escombros de um campo de batalha. Isso porque a essa sessão de elaboração sucedia-se uma segunda, sob o nome de determinação magistral.

No primeiro dia legível, como se dizia então, quer dizer, o primeiro dia em que o mestre que havia disputado podia dar sua aula, porque um domingo, um dia santo, ou qualquer outro obstáculo podia impedir que isso se desse no dia imediato mesmo à disputa, o mestre retomava em sua escola a matéria disputada na véspera ou alguns dias antes. Começava por coordenar, tanto quanto a matéria o permitisse, as objeções apresentadas contra a tese em uma ordem ou sucessão lógica e a lhes dar sua forma definitiva. Depois dessas objeções, introduzia alguns argumentos a favor da doutrina que iria propor. Iniciava então uma exposição doutrinal, mais ou menos extensa, sobre a questão em debate, e aí fornecia a parte central e essencial da determinação. *Terminava respondendo a cada uma das objeções propostas contra a doutrina de sua tese...*

O ato de determinação, *mandado então para a escrita pelo mestre ou um ouvinte, constitui esses escritos a que chamamos as Questões Disputadas e que são o termo final da disputa.*

Por fim, dentro desse quadro, desenvolve-se um gênero especial: a disputa *quodlibética* [discussão ampla, sobre todas as partes da disputa]. Duas vezes por ano os mestres podiam convocar uma sessão em que se ofereciam para tratar de um problema *levantado por qualquer pessoa sobre qualquer assunto* (denominava-se essa sessão de *quolibet ad voluntatem cujuslibet*, "sobre qualquer assunto à vontade de qualquer pessoa"). Monsenhor Glorieux[1] descreveu esse exercício nos seguintes termos: *A sessão começa na hora terça, ou talvez na hora sexta; em todo caso, bem cedo, porque pode se prolongar por muito tempo. O que a caracteriza, de fato, é o desenvolver-se de modo caprichoso, com interrupções, e a incerteza que paira*

---
[1]*La littérature quodlibétique*, 1936.

sobre ela. Sessão de disputa, de argumentação como tantas outras; mas com esse traço especial, segundo o qual a iniciativa não depende dos mestres, passa a ser dos assistentes. Nas disputas comuns, o mestre anuncia previamente de que assuntos tratará, já refletiu e os preparou. Na disputa quodlibética, qualquer um pode provocá-lo sobre qualquer problema. Esse é, para o mestre que é o alvo das perguntas, o grande perigo. As questões, ou objeções, podem vir de todos os lados, hostis ou curiosas, ou malignas, tanto faz. Pode-se interrogá-lo de boa-fé, com o objetivo de conhecer-lhe a opinião; mas pode-se tentar fazer com que ele caia em contradição consigo próprio, ou obrigá-lo a se pronunciar sobre assuntos perigosos que ele preferiria não ter de abordar nunca. Às vezes pode ser um forasteiro curioso, ou um espírito inquieto; às vezes será um rival ciumento ou um mestre desejoso de deixá-lo em situação desagradável. Algumas vezes os problemas serão claros e interessantes, em outras serão ambíguos e o mestre terá muitas dificuldades para vislumbrar-lhes o exato alcance e compreender-lhes o verdadeiro sentido. Alguns permanecerão candidamente no domínio puramente intelectual; outros jogarão principalmente com segundas intenções políticas ou com a difamação... É essencial, já se vê, que aquele que se candidata a uma disputa quodlibética *tenha uma presença de espírito incomum e uma competência quase universal.*

Assim se desenvolve a escolástica, mestra de rigor, simuladora de pensamento original na obediência às leis da razão. O pensamento ocidental ficou marcado para sempre por ela, fez através dela progressos decisivos. Sem dúvida, é a escolástica do século XIII em pleno vigor, manejada por espíritos agudos, exigentes, no auge. A escolástica *flamejante* do fim da Idade Média poderá com justiça provocar o desprezo de um Erasmo, de um Lutero, de um Rabelais. A escolástica *barroca* suscitará a legítima aversão de um Malebranche. Mas a inspiração e os hábitos da escolástica se incorporaram aos novos progressos do pensamento ocidental. Descartes, sendo quem era, deve-lhe muito. Na conclusão de um livro profundo, Etienne Gilson escreveu: *Não se pode compreender o cartesianismo sem confrontá-lo continuamente com a escolástica, que ele desdenha, mas no seio da qual se instala e da qual, uma vez que a assimila, pode-se perfeitamente dizer que ele se alimenta.*

CONTRADIÇÕES — COMO VIVER? SALÁRIO OU BENEFÍCIO?

Com essas armas, porém, o intelectual do século XIII permanece confrontado com muitas incertezas, posto frente a frente com escolhas delicadas. As contradições se revelam durante uma sequência de crises universitárias.

Os primeiros problemas são de ordem material, profundamente comprometedores.

Primeira questão: como viver? Como o intelectual não é mais um monge, cuja comunidade assegura a manutenção de cada membro, tem de ganhar sua vida. Nas cidades, os problemas da alimentação e do teto, do vestir-se e do equipamento necessário — os livros são caros — são angustiantes. E a carreira de estudante era muito custosa porque era longa.

Havia duas soluções para esse problema: o salário ou o benefício para o mestre, a bolsa ou a prebenda para o estudante. A questão do salário apresenta-se sob um duplo aspecto: o mestre pode ser pago pelos seus alunos ou pelos poderes civis. A bolsa pode ser doação de um mecenas particular ou subvenção de um organismo público ou de um representante do poder político.

Por trás dessas soluções há comprometimentos divergentes. A primeira opção fundamental é entre salário e benefício.

No primeiro caso, o intelectual se afirma deliberadamente como um trabalhador, como um produtor. No segundo, ele não vive de sua atividade, mas pode exercê-la porque recebe sua renda. Todo seu estatuto socioeconômico se define assim: trabalhador ou privilegiado?

Embutidas nessa primeira escolha, outras de menor importância, porém não desprezíveis, se desenham.

Se receber salário, pode ser classificado como comerciante, no caso de ser pago pelos alunos; ou funcionário, se for pago pelo poder comunal ou principesco; ou ainda uma espécie de doméstico, se viver da generosidade de um mecenas.

Prebendado, pode receber um benefício ligado à sua função intelectual e que faz dele um clérigo especializado — ou dotado de um benefício ao qual já está ligada uma outra função pastoral, paróquia ou abadia, e ser um intelectual apenas por um acaso feliz, apesar de sua carga eclesiástica.

As escolhas desde o século XII se dão em parte segundo as circunstâncias de lugar ou de data, a situação e a psicologia das pessoas.

É possível, contudo, estabelecer tendências. A dos mestres é viver do dinheiro pago pelos estudantes. Nessa solução encontram a vantagem de permanecerem livres em relação aos poderes temporais: a comuna, o príncipe, a Igreja e até mesmo o mecenas. Parece-lhes natural essa solução por ser a mais conforme aos hábitos do canteiro urbano de que se consideram membros. Vendem sua ciência e seu ensinamento como os artesãos vendem seus produtos. Baseiam essa reivindicação em legitimações das quais encontramos numerosas expressões. A principal é aquela segundo a qual todo trabalho merece salário. É o que afirmam manuais de confessores: *o mestre pode aceitar dinheiro dos estudantes* — a collecta — *como pagamento de seu trabalho, de seus cuidados*; também é o que lembram frequentemente os universitários, como o farão ainda os doutores em direito de Pádua, em 1382: *Julgamos não ser racional que o trabalhador deixe de tirar proveito de seu trabalho. Também decidimos que o doutor que faz o discurso de resposta em nome do colégio para a recepção de um estudante receberá do estudante como reconhecimento de seu trabalho três livros de valor e quatro garrafinhas de vinho ou um ducado.* Daí a caça empreendida pelos mestres aos estudantes maus pagadores. Já escrevia Odofredus, o célebre jurista de Bolonha: *Anuncio-vos que no ano que vem darei os cursos obrigatórios com a consciência que nisso sempre mostrei; mas duvido que venha a dar cursos extraordinários porque os estudantes não são bons pagadores; eles querem saber, mas não querem pagar, como se afirma no seguinte dito*: Todos querem saber, mas nenhum quer quitar o pagamento.

Quanto aos estudantes, a julgar por suas cartas, sejam autênticas, sejam propostas, a título de exemplo, nos manuais de correspondência, procuravam principalmente ser mantidos por sua família ou por um benfeitor.

A Igreja, e mais especialmente o papado, chamou a si a responsabilidade de regulamentar esse problema. Proclamou um princípio: a gratuidade do ensino. A mais legítima das razões que motivavam essa posição era a vontade de garantir o ensino aos estudantes pobres. Uma outra, que deixava claro um estado de espírito arcaico e se referia ao período em que só havia propriamente o ensino religioso, considerava que a ciência era dom de Deus e consequentemente não podia ser vendida sob pena de simonia; e que o ensino fazia parte integrante do ministério (*officium*) do clero. São Bernardo denunciara os ganhos dos mestres como ganho vergonhoso (*turpis quaestus*) em um texto célebre.

Assim, o papado decretou uma série de medidas. Desde o terceiro concílio de Latrão, de 1179, o papa Alexandre III proclamava o princípio da gratuidade do ensino e numerosas renovações dessa decisão foram feitas por seus sucessores. Ao mesmo tempo, devia ser criada, perto de cada Igreja catedral uma escola cujo mestre tivesse sua existência assegurada pela concessão de um benefício.

Mas, por esse caminho, o papado se ligava por laços de interesse aos intelectuais, condenados a lhe solicitar benefícios, e extinguia, ou pelo menos freava consideravelmente, o movimento que os levava a abraçar o laicato.

O resultado é que só podiam ser professores nas universidades aqueles que aceitassem essa dependência material em relação à Igreja. Sem dúvida, ao lado das universidades, e apesar da oposição selvagem da Igreja, escolas leigas puderam ser fundadas, mas, em vez de dispensar uma instrução geral, elas se limitavam a um ensino técnico essencialmente destinado aos mercadores: escrita, contabilidade, línguas estrangeiras. Com isso alargava-se o fosso entre cultura geral e formação técnica. Dessa maneira, a Igreja conquistava o essencial de seu alcance segundo a opinião emitida por Inocêncio III, que declarara em seu *Dialogus: Todo homem dotado de inteligência... pode preencher a função de ensinar porque deve conduzir pelo ensino no reto caminho seu irmão que ele tenha visto errar longe do caminho da verdade ou da moralidade. Mas a função de pregar, quer dizer, de ensinar publicamente, só podem desempenhar aqueles para isso designados, quer dizer, os bispos e os padres em suas igrejas, e os abades nos mosteiros, a quem é confiado o cuidado das almas.* Texto capital pelo qual um pontífice, entretanto pouco aberto a novidades, reconhecia, diante da evolução geral, a distinção necessária a ser estabelecida entre a função religiosa e a função de ensinar. Sem dúvida essa opinião foi emitida considerando-se um determinado contexto histórico, o de uma sociedade totalmente cristã. Porém a mais alta personalidade da Igreja tinha reconhecido, pelo menos entre sua comunidade, o caráter leigo do ensino. Esse texto não teve, como se sabe, a continuidade que merecia.

Entretanto, como se verá, numerosos mestres e estudantes na Idade Média eram leigos. Nem por isso participavam menos das distribuições de benefícios eclesiásticos e assim contribuíram para agravar um dos grandes vícios da Igreja da Idade Média e do Antigo Regime: a atribuição das rendas dos benefícios eclesiásticos a leigos. Por outro lado, como a instituição de um benefício especial para um único mestre por centro escolar rapidamente se tenha revelado muito insuficiente, mestres e estudantes receberam benefícios ordinários e, com isso, veio a se agravar esse outro flagelo da Igreja: a não residência dos pastores.

Por fim, a posição da Igreja aumentou as dificuldades dos que procuravam na instrução carreiras não eclesiásticas, especialmente o direito civil e a medicina. Esses foram condenados a cair em situações falsas porque, se a voga dos estudos jurídicos principalmente não diminuiu com isso, não deixou de sofrer ataques por parte de eminentes eclesiásticos. Roger Bacon declarará: *Tudo no direito civil tem um caráter leigo. Abraçar uma arte tão grosseira é sair da Igreja.* Como não pudesse fazer parte oficialmente das universidades, um conjunto completo de disciplinas que a evolução técnica, econômica e social convocava a um grande desenvolvimento, e que eram desprovidas de qualquer caráter religioso imediato, ficou paralisado durante séculos.

A QUERELA DOS REGULARES E DOS SECULARES

Uma grave crise que agitou as universidades no século XIII e início do século XIV revelou a ambiguidade da situação dos intelectuais e o descontentamento de muitos. Foi a querela dos regulares e dos seculares, a violenta oposição dos seculares à extensão do espaço ocupado nas universidades pelos mestres pertencentes às novas ordens mendicantes.

Os dominicanos, é verdade, desde a origem procuraram um lugar nas Universidades. O próprio objetivo de seu fundador — a pregação e a luta contra a heresia — os levava em busca de uma sólida bagagem intelectual. Os franciscanos logo chegaram à universidade, acorrendo mais a ela à medida que assumiam uma influência crescente na ordem aqueles que se afastavam, ao menos sob alguns pontos de vista, das posições de São Francisco, hostil, como se sabe, a uma ciência em que via um obstáculo à pobreza, ao despojamento, à fraternidade para com os humildes. No início foram bem acolhidos. Em 1220, o papa Honório III felicita a Universidade de Paris pela acolhida dada aos dominicanos. Depois, houve choques violentos. Na Universidade de Paris produziram-se os piores deles, entre 1252 e 1290, e particularmente durante os anos de 1252 a 1259 e nos períodos 1265-1271 e 1282-1290. Oxford sofreu também, mais tarde, entre 1303 e 1320 e por fim de 1350 a 1360.

Dessas querelas, a mais aguda e a mais típica foi a de Paris de 1252 a 1259, que culmina com o caso Guillaume de Saint-Amour. Complexa, é instrutiva.

Os protagonistas são cinco: as ordens mendicantes e seus mestres parisienses, a maioria dos mestres seculares da Universidade, o papado, o rei de França e os estudantes.

No mais aceso da luta um mestre secular, Guillaume de Saint-Amour, publicou um ataque violento contra os irmãos num tratado intitulado *Os perigos dos tempos novos*. Condenado pelo papa, ele foi banido, apesar da viva resistência de uma parte da Universidade, favorável a ele.

Quais eram os motivos de queixas dos mestres seculares contra os mendicantes?

Num primeiro período, de 1252 a 1254, essas queixas são quase que exclusivamente de ordem corporativa. Os seculares criticam os mendicantes por violação dos estatutos universitários. Porque, graduando-se em teologia, eles a lecionam sem que tenham obtido previamente o mestrado em Artes. Tinham conseguido do papa, em 1250, a possibilidade de obter, fora da Faculdade de Teologia, a *licença* das mãos do chanceler de Notre-Dame; pretendem ter e ocupam efetivamente duas cadeiras, enquanto que o estatuto não lhes atribui senão uma (sobre quatro); e, sobretudo, eles rompem a solidariedade universitária, continuando a dar cursos quando a Universidade está em greve. Agiram assim no período de 1229 a 1231 e reincidiram em 1253, mas a greve representa um direito reconhecido pelo papado e está inscrita nos estatutos. Por fim, acrescentam os mestres seculares, os religiosos não são verdadeiros universitários, fazem uma concorrência desleal à Universidade: monopolizam os estudantes e desviam muitos para a vocação monástica; vivendo de esmolas, não exigem dinheiro como pagamento dos cursos, e eles próprios não se sentem ligados às reivindicações de ordem material dos universitários.

São essas as verdadeiras queixas dos seculares. Queixas exigentes. E significativas. Os universitários rapidamente tomaram consciência da incompatibilidade do duplo papel de pertencer a uma ordem, ainda que de estilo novo, e a uma corporação, ainda que de certa forma uma corporação clerical e original.

Intelectuais que não receberam a formação de base essencial — aquela dada pela Faculdade das Artes —, para os quais não há o problema da subsistência material, para os quais o direito de greve nada significa, não são verdadeiros intelectuais. Não são trabalhadores científicos, uma vez que não vivem de seu ensino.

O papa Inocêncio IV se rendeu a uma parte ao menos desses argumentos; sensível à violação dos estatutos universitários pelos mendicantes, prescreveu-lhes obediência àqueles estatutos a 4 de julho de 1254, e a 20 de novembro do mesmo ano restringiu os privilégios das duas ordens pela bula *Etsi animarum*.

Mas seu sucessor, Alexandre IV, que tinha sido cardeal protetor dos franciscanos, anulou a bula de seu predecessor pouco mais de um mês depois, em 22 de dezembro, com a bula *Nec insolitum* e, em 14 de abril de 1255, pela nova bula *Quasi lignum vitae*, consagrou o triunfo completo dos mendicantes sobre os universitários.

A bula repercutiu, tornou o ambiente mais áspero ao desviar o problema para um outro plano, não mais corporativo, porém dogmático. Os mestres seculares, Guillaume de Saint-Amour em primeiro plano, e escritores como Rutebeuf (em poemas de circunstância) e Jean de Meung (no *Romance da rosa*) levantaram-se contra as ordens nos próprios fundamentos de sua existência e de seu ideal.

Os mendicantes são acusados de usurpar as funções do clero: confissão e enterro especialmente; de serem hipócritas que buscam prazer, riqueza, poder; o famoso *Faux-Semblant** do *Romance da rosa* é um franciscano; e, finalmente, de serem heréticos: seu ideal de pobreza evangélica é contrário à doutrina de Cristo e ameaça de ruína a Igreja. Argumento polêmico: os seculares, para isso, se baseiam nas famosas profecias de Gioacchino da Fiore, muito em voga entre uma parte dos franciscanos, que anunciava o início, no ano de 1260, de uma idade nova em que a Igreja atual cederia lugar a uma nova

---

*Ao pé da letra, *Aparência enganadora*. Numa tradução livre, *Malandro* poderia ser um bom correspondente em português para o apelido dessa personagem de Jean de Meung. (*N. do T.*)

Igreja, na qual a pobreza seria a regra. O desenvolvimento das ideias joaquinistas [ou joaquimitas, de Gioacchino da Fiore, ou Joaquim de Fiore] pelo franciscano Gerardo de Borgo San Donnino, em sua *Introdução ao Evangelho eterno*, publicada em 1254, acabou fornecendo armas aos seculares.

Sem dúvida os seculares exageravam. Calúnias, manobras que pretendiam apenas jogar no descrédito as ordens mendicantes, maculavam sua causa. No fundo do quadro, São Boaventura e o próprio Santo Tomás de Aquino, que não se pode acusar de hostilidade em relação à Universidade, souberam responder.

O caso assumiu então aspectos penosos. A maior parte dos papas, muito felizes de tomar posição ao lado das ordens que lhes eram totalmente devotadas, ao mesmo tempo que isso subjugava mais os universitários, quebra a resistência dos seculares. O rei de França, São Luís, muito próximo dos franciscanos, não interferiu: Rutebeuf o atacou duramente por ser um joguete nas mãos dos mendicantes, e por não defender o seu reino, para o qual os direitos da Universidade tinham uma importância fundamental. Os estudantes parece que hesitaram; muitos eram sensíveis às vantagens do ensino dos mendicantes, mais ainda ao brilho de suas personalidades e à novidade de alguns aspectos de sua doutrina: paradoxo que acabou por complicar o caso e o tornou nebuloso aos olhos dos historiadores.

O espírito novo se divide entre os dois partidos nessa luta. De um lado os mendicantes eram estranhos ao aspecto corporativo que constituía a base do movimento intelectual. Com seus fundamentos sociais e econômicos, eles destruíam a esperança de uma classe nova de trabalhadores intelectuais; mas, instalados no meio urbano, próximos das classes novas, eles lhes conheceram melhor as necessidades intelectuais e espirituais. A escolástica teve em alguns de seus membros os representantes mais brilhantes; é através de um dominicano, Santo Tomás de Aquino, que ela alcança seu ponto mais alto. Inocêncio IV, pelo compromisso do fim de seu pontificado poderia ter mantido o fermento dos mendicantes na corporação universitária, que teria permanecido mestra de seu porvir. Seus sucessores não souberam fazê-lo.

Mas, sob sua forma nova, a luta revela tudo aquilo que o espírito universitário tinha de oposto a um aspecto completo do ideal monástico, retomado, revivificado, mas também levado ao auge pelos mendicantes.

O problema da pobreza é bem um problema central que separa uns dos outros. A pobreza procede daquele ascetismo que é recusa do mundo, pessimismo a respeito do homem e da natureza. Nesse sentido, já se choca com o otimismo humanista e naturalista da maioria dos universitários. Mas, principalmente, a pobreza entre os dominicanos e os franciscanos tem como consequência a mendicância. Nesse ponto, a oposição dos intelectuais é absoluta. Para eles, só se pode viver de seu trabalho. Quanto a isso, expressam a atitude de todos os trabalhadores da época que, cada um a seu modo, eram, na maioria, hostis à causa da mendicância e às novas ordens. A mensagem de São Domingos e de São Francisco de Assis viu-se prejudicada. Era difícil tornar aceitável como ideal um estado de tanta semelhança com a miséria, da qual toda a humanidade laboriosa buscava fugir. *Posso garantir*, diz Jean de Meung, *que não está escrito em nenhuma lei, pelo menos não faz parte da nossa, que Jesus Cristo e seus discípulos, quando andaram pela Terra, foram vistos implorando seu pão: eles não queriam mendigar (assim o ensinavam antigamente em Paris os teólogos).*

...O homem forte deve ganhar a vida trabalhando com suas mãos, se não tem como viver, mesmo que seja religioso, ou desejoso de servir a Deus... São Paulo mandava os apóstolos

trabalharem para conseguir o necessário, e lhes proibia a vagabundagem dizendo: Trabalhai com vossas mãos, e não cobre jamais do próximo.

Transposta para esse plano, a querela se prolongava como luta entre o clero secular em geral e o clero regular. Os problemas universitários, nesse caso, só ocupavam um lugar secundário. Entretanto, os mestres parisienses, que tinham perdido tanto com a querela e que, se não haviam combatido sempre com as boas armas, estavam derrotados pela própria definição de sua especificidade, precisaram ouvir no concílio de Paris de 1290 estas violentas palavras do legado pontifício, o cardeal Benedetto Gaetani, futuro Bonifácio VIII:

Gostaria de ver aqui todos os mestres parisienses cuja tolice brilha nesta cidade. Com uma louca presunção e uma temeridade condenável, arrogaram-se o direito de interpretar o privilégio em questão. Julgavam eles que a Cúria Romana pôde conceder sem reflexão um privilégio de tal importância? Ignoravam que a Cúria Romana não tem pés de pluma, mas de chumbo? Todos esses mestres pensam que têm em nosso meio uma imensa reputação de sábios; julgamo-los, ao contrário, tolos entre os tolos, a eles que corromperam com veneno sua doutrina e suas próprias pessoas e o mundo inteiro... É inadmissível que qualquer privilégio da Santa Sé possa ser reduzido a nada pelas argúcias dos mestres.

Mestres de Paris, vós vos tornastes ridículos e ridículos ainda continuais, assim como toda a vossa ciência e vossa doutrina... Como a nós é que o mundo cristão foi confiado, temos de considerar não o que pudesse agradar a vossos caprichos de clérigos, mas o que é útil a todo o universo. Acreditais talvez gozar entre nós de grande reputação; mas vossa glória não a vemos senão como tolice e fumaça... Sob pena de privação dos ofícios e dos benefícios, proibimos, como necessidade da obediência, a todos os mestres de pregar, doravante, discutir ou determinar, em público ou em particular, sobre o privilégio dos religiosos... A corte de Roma, antes de revogar o privilégio, destruiria a Universidade de Paris. Não fomos chamados por Deus para acumular ciência ou brilhar aos olhos dos homens, mas para salvar nossas almas. E porque a conduta e a doutrina dos irmãos salvam muitas almas, o privilégio que lhes foi confiado lhes será para sempre conservado[1].

Acaso não tinham os universitários salvado almas? Seus ensinamentos mereciam essas injúrias? O futuro Bonifácio VIII já sabia atrair inimizades.

CONTRADIÇÕES DA ESCOLÁSTICA: OS PERIGOS DA IMITAÇÃO DOS ANTIGOS

Graves também, e carregadas de crises, foram as contradições do espírito escolástico.

Espírito racional porém baseado no pensamento antigo, nem sempre soube escapar a essa influência, transpor os problemas de contexto histórico ultrapassado em relação a um contexto atual. O próprio Santo Tomás às vezes foi prisioneiro de Aristóteles. Havia alguma contradição, apesar de tudo, em ir buscar explicação para o cristianismo, sua adaptação para as necessidades do tempo, com a ajuda de doutrinas anteriores ao próprio cristianismo.

Os exemplos poderiam ser numerosos. Tomemos três.

---

[1] Esse texto foi transcrito pelo já citado monsenhor Glorieux, em um artigo intitulado *Prélats français contre religieux mendiants — Autour de la bulle "Ad fructus uberes"* (1281-1290) *[Prelados franceses contra religiosos mendicantes — Em torno da bula "Ad fructus uberes"]*, publicado na *Revue d'Histoire de l'Église de France*, 1925. Monsenhor Glorieux, particularmente, distingue três fases: oposição universitária (1252-1259); oposição doutrinária (1265-1271); oposição episcopal (1282-1290).

Nada era mais essencial para os universitários, tentamos mostrá-lo, do que definir os problemas do trabalho, a partir do momento em que eles próprios se apresentavam como trabalhadores. Mas, para os Antigos, o trabalho era essencialmente o trabalho manual, trabalho do escravo cuja exploração dava vida às sociedades antigas, trabalho consequentemente desprezado. Santo Tomás foi buscar em Aristóteles sua teoria do trabalho servil, e Rutebeuf, o mais pobre dos poetas-estudantes, proclama com orgulho:

"Não sou trabalhador manual."

A escolástica não soube dar valor ao trabalho manual — vício capital, porque, isolando o trabalho privilegiado do intelectual, permitia que ela própria fizesse um trabalho de sapa contra as bases da condição universitária, ao mesmo tempo que separava o intelectual dos outros trabalhadores com os quais estava solidária no canteiro urbano.

Ofício da audácia intelectual, da curiosidade apaixonada, o ofício intelectual, se devia manter-se dentro da moderação, nada tinha a ganhar seguindo os antigos em uma moral da mediocridade, a do *medén ágan* [nada de muito] dos gregos, que tinha atraído a *"aurea mediocritas"* ["ditosa mediocridade"] de Horácio. Entretanto, preconizou frequentemente uma moral de meio-termo, sinal de aburguesamento e de renúncia mesquinha: *Quem não pretende nada*, diz o *Romance da rosa, desde que tenha com que viver o dia a dia, contenta-se com seu ganho, e não acha que lhe falte nada... O meio-termo tem nome que lhe baste: ali jaz a abundância das virtudes.* Fechamento de horizontes, morte de justas ambições.

Nesse mundo dinâmico do século XIII, no qual a escolástica constrói a uma só voz sua obra, eis que não chega a se separar da teoria antiga da arte imitadora da natureza, que não reconhece e entrava a criação do trabalho humano.

A Arte não produz formas tão autênticas, diz ainda Jean de Meung. *De joelhos diante da Natureza, muito atenta, ela reza e pede, como um mendigo e um vagabundo pobre de ciência e de poder, porém cuidadosa em imitá-la, que deseja muito ensiná-la a abraçar a realidade em suas figuras. A Arte observa como a Natureza trabalha, porque bem que desejaria fazer tal obra, e a imita como um macaco, mas seu frágil gênio não pode criar coisas vivas, por mais simples que pareçam...* Eis aí, que pena! A arte que se prepara para ser fotografia.

As tentações do naturalismo

A escolástica busca as ligações entre Deus e a Natureza; mas o naturalismo dos intelectuais pode se desenvolver em numerosas direções. A tradição goliárdica, sempre viva na universidade, perpetua-se, truculenta, com menos agressividade porém com mais segurança. Natureza e *Genius* não se contentam em gemer nos escritos de Jean de Meung como nos de Alano de Lille. A segunda parte do *Romance da rosa* é um hino à fecundidade inesgotável da Natureza, um convite apaixonado a que suas leis sejam obedecidas sem reserva, um apelo à sexualidade desenfreada. O casamento é rudemente tratado no *Romance*. As limitações que impõe são estigmatizadas como contrárias à natureza, da mesma maneira que a sodomia.

O casamento é uma ligação detestável... A natureza não é assim tão louca que faça nascer Mariazinha apenas para Robertinho, se atentarmos bem, nem Robertinho para Marieta, nem para Inês, nem para Pedrita; a natureza nos fez, belos filhos, não haja dúvida quanto a isso, todas para todos e todos para todas...

E o famoso arroubo bem rabelaisiano: *Por Deus, senhores, não se deixem levar pelos bem-comportados, sigam sempre a natureza; eu vos perdoo todos os pecados, com a condição de que trabalheis bem a obra da Natureza. Sejam mais rápidos do que o esquilo e mais ligeiros do que o pássaro, movei-vos, agitai-vos, pulai, não vos deixeis esfriar nem embotar, mãos à obra com todas as vossas ferramentas. Trabalhai, por Deus, barões, trabalhai e restaurai vossas linhagens. Levantai-vos para colher o vento, ou, se é de vosso agrado, ponde-vos nus, totalmente, mas não tenhais muito calor nem muito frio; conduzi com as duas mãos o rabicho de vossos arados...* O resto é afrontoso por excesso de realismo...

Essa vitalidade transbordante desafia o inimigo, a Morte. Mas o homem, como a Fênix, renasce sempre. A cavalgada da Ceifadora deixa sempre sobreviventes. *Se a Morte devora a Fênix, a Fênix entretanto permanece; que ela devorasse mil, a Fênix permaneceria. Essa Fênix é a forma comum que a Natureza reforma nos indivíduos, e que estaria totalmente perdida se não permitisse ao outro viver. Todos os seres do universo têm o mesmo privilégio: enquanto restar um exemplar, sua espécie viverá nele, e a Morte jamais o atingirá...* Nesse desafio da Natureza à Morte, nessa epopeia da humanidade sempre renascente, nesse vitalismo à maneira de Diderot, onde está o espírito cristão, que lugar ocupa o *Memento quia pulvis es et in pulverem reverteris* [Lembra-te de que és pó e ao pó retornarás]?

Naturalismo que também pode se desenvolver como teoria da sociedade, à maneira de Rousseau. Em sua descrição da idade de ouro e da idade de ferro que se segue, Jean de Meung faz de toda a hierarquia social, de toda a ordem social um mal que substituiu a felicidade da igualdade primitiva na qual a propriedade não existia. *Então foi preciso procurar alguém que guardasse as choupanas, expulsasse os malfeito-*

res e fizesse justiça aos queixosos, alguém cuja autoridade ninguém ousasse contestar; então eles se reuniram para elegê-lo. Escolheram entre eles um camponês, o mais alto, o mais espadaúdo e o mais forte que puderam encontrar, e o fizeram príncipe e senhor. Ele jurou manter a justiça e defender-lhes as cabanas, se cada um pessoalmente lhe desse de seus bens para que ele tivesse como viver e eles concordaram. Desempenhou por longo tempo seu ofício. Mas os ladrões cheios de astúcia se reuniam em bando quando o viam sozinho, e muitas vezes, quando iam furtar os bens de outros, o maltratavam. O povo, então, precisou se reunir de novo e impor o pagamento de uma taxa a cada um a fim de fornecer guardas ao príncipe. Todos se cotizaram então, de modo comunitário, pagaram-lhe impostos e tributos e lhe concederam vastos domínios. Essa é a origem dos reis, dos príncipes da terra: nós o sabemos pelos escritos dos antigos, que nos transmitiram os fatos da Antiguidade, e não saberíamos muito quanto às obrigações deles.

O DIFÍCIL EQUILÍBRIO DA FÉ E DA RAZÃO: O ARISTOTELISMO E O AVERROÍSMO

Os intelectuais do século XIII saberão defender um outro tipo de equilíbrio, aquele entre a fé e a razão? Essa é toda a aventura do aristotelismo no século XIII. Porque se Aristóteles é coisa bem diferente do espírito racional, e se a razão escolástica se alimenta de outras fontes além do Estagirita, é em torno dele que se joga o jogo.

O Aristóteles do século XIII não é aquele do século XII. É mais completo, em primeiro lugar. Ao lógico, que basicamente o século XII tinha conhecido, pode-se acrescentar no século seguinte, graças a uma nova geração de tradutores, o físico, o moralista da *Ética a Nicômaco*, o metafísico. Em seguida ele é interpretado, aparecem os comentários dos grandes filósofos árabes, Avicena e Averroés principalmente, que o empurraram a um extremo, afastaram-no tanto quanto era possível do cristianismo.

Não é um, são pelo menos dois Aristóteles que penetram no Ocidente: o verdadeiro, e o de Averroés. É mais ainda, na verdade, porque cada comentador, ou quase, tinha o *seu* Aristóteles. Mas duas tendências se desenham nesse movimento: a dos grandes doutores dominicanos, Alberto Magno e Tomás de Aquino, que querem conciliar Aristóteles e a Escritura; a dos averroístas que, onde veem contradição, aceitam-na e querem seguir tanto Aristóteles como a Escritura. Criam, então, a doutrina da dupla verdade: *uma que é a da revelação... a outra que nada mais é do que aquela da simples filosofia e da razão natural. Quando houver um conflito diremos então simplesmente: eis as conclusões às quais me conduz minha razão como filósofo, porém, uma vez que Deus não pode mentir, devo aderir à verdade que ele nos revelou e à qual me ligo pela fé.* Alberto Magno declara: *Se alguém pensa que Aristóteles é um Deus, esse deve acreditar que não se enganou. Mas se está convencido de que Aristóteles é um homem, não há dúvida de que pode se enganar como nós.* E Santo Tomás está convencido de que Averroés *é menos um Peripatético do que um corruptor da filosofia peripatética*, enquanto Siger de Brabante, cabeça dos averroístas, afirma: *Digo que com Aristóteles terminaram as ciências, porque nenhum daqueles que seguimos até nosso tempo, quer dizer, durante perto de quinhentos anos, tem algo a acrescentar a seus escritos, nem neles vai achar um erro de alguma importância... Aristóteles é um ser divino.*

Contra o aristotelismo albertino-tomista, assim como contra o averroísmo, há uma viva oposição. É a oposição dos agostinistas, que, à autoridade de Aristóteles, opõem a de Platão. Mas se Santo Agostinho é uma das grandes fontes da escolástica, o neoagostinismo apoiado no platonismo encontra a hostilidade decidida dos grandes escolásticos. Para eles o pensamento metafórico do *Acadêmico* é um grave perigo para a verdadeira filosofia. *Na maior parte do tempo*, escreve Alberto Magno, *quando Aristóteles refuta as opiniões de Platão, não refuta o fundo, mas a forma. Platão de fato tinha um mau método de exposição. Tudo nele é figurado e seu ensinamento é metafórico e ele põe sob as palavras outra coisa além daquilo que as palavras significam, como por exemplo quando diz que a alma é um círculo.* O tomismo se opõe a esse pensamento confuso e ao longo de todo o século — e dos séculos — os agostinistas e os platonistas combaterão todas as novidades racionais, defenderão posições conservadoras. Sua grande tática no século XIII é comprometer Aristóteles com Averróes, Santo Tomás com Aristóteles e através dele com Averróes. O averroísmo terá sempre o tomismo como alvo de suas investidas.

O século está atravessado de ataques antiaristotélicos, que são outras tantas crises universitárias.

Desde 1210 o ensino da *Física* e da *Metafísica* de Aristóteles está proibido na Universidade de Paris. A proibição é renovada em 1215 e em 1228. Entretanto, desde sua fundação, em 1229, a ortodoxíssima Universidade de Toulouse, para atrair clientela, anuncia que lá serão ensinados os livros proibidos em Paris. A bem dizer, as proibições em Paris tornaram-se letra morta. Os livros condenados figuram nos programas. A admirável construção tomista parece ter resolvido o problema; a crise averroísta vai trazer de novo a questão à superfície. Um certo número de mestres das Faculdades das Artes, à frente dos quais Siger de Brabante e Boécio da Dácia, ensinava as teses mais extremas da filosofia — Aristóteles tornou-se o Filósofo por excelência — interpretadas através de Averroés. Além da verdade dupla, ensinam a eternidade do mundo — que nega a criação —, recusam a Deus como causa eficiente das coisas, aceitam-no apenas como causa final, e lhe negam a presciência dos futuros contingentes. Por fim, alguns — o próprio Siger tem dúvidas quanto a isso — afirmam a unidade do intelecto agente, que nega a existência da alma individual.

O bispo de Paris, Étienne Tempier, condenara os averroístas desde 1270, e Santo Tomás, por sua vez, tinha sido obrigado a guardar distância deles, atacando-os vivamente. Depois da morte de Santo Tomás (1274) uma grande ofensiva foi lançada contra o aristotelismo. Essa ofensiva redundou na dupla condenação pronunciada em 1277 pelo bispo de Paris, Étienne Tempier, e pelo arcebispo de Cantuária, Robert Kilwardby.

Étienne Tempier tinha preparado uma lista de 219 proposições condenadas como heréticas. Era um verdadeiro amálgama. Ao lado de teses propriamente averroístas, uma vintena de proposições atingia mais ou menos diretamente o ensino de Tomás de Aquino. Outras visavam opiniões emitidas nos meios extremistas, herdeiros dos goliardos, e algumas delas tinham contaminado os averroístas:

18 — *Que a ressurreição futura não deve ser admitida pelo filósofo, porque é impossível examinar isso racionalmente.*
152 — *Que a teologia tem seus fundamentos sobre fábulas.*
155 — *Que não se deve ter preocupação com a sepultura.*
168 — *Que a continência em si mesma não é uma virtude.*
169 — *Que a abstenção total do contato carnal corrompe a virtude e a espécie.*
174 — *Que a lei cristã tem suas fragilidades e seus erros como as outras religiões.*

175 — Que é um obstáculo à ciência.
176 — Que a felicidade se acha nesta vida, e não numa outra.

Esse "Syllabus"* suscita vivas reações. A ordem dominicana não leva em conta nenhum desses itens. Gil de Roma** declarou: *Não há motivo para preocupar-se porque essas proposições não foram feitas depois de convocação de todos os mestres parisienses, mas a pedido de algumas cabeças tacanhas.*

Um mestre secular da Faculdade de Teologia, Godefroy de Fontaines, deu-se o trabalho de fazer uma crítica detalhada e impiedosa da lista. Reivindicou a supressão dos artigos absurdos, dos artigos dos quais constavam proibições que impediriam o progresso científico, daqueles sobre os quais seria permitido ter opiniões diferentes.

---

*A comparação do autor é com o Sílabo (a palavra latina *Syllabus* significa sumário, relação, índice), nome pelo qual ficou conhecida a encíclica *Quanta cura*, de dezembro de 1864, do papa Pio IX. Dela constavam 80 proposições, com os erros condenados pelo pontífice, sobre panteísmo e naturalismo, racionalismo absoluto e moderado, indiferentismo, socialismo, direitos da Igreja, relações Igreja-Estado, ética natural e cristã, casamento, poder temporal do papa e liberalismo. Ao decreto *Lamentabili* (1907), do papa Pio X, que trata dos erros do modernismo, também se costuma dar o nome de *"Syllabus"*. (N. do T.)

**Um caso especial de tradução (já houve casos semelhantes, como Tomás da Irlanda, por exemplo, mas é bom que as coisas fiquem explicadas, pois sempre há exceções). Não se tratando de nome de um vulto universal, como Alberto Magno ou Tomás de Aquino, o de Gilles de Rome não deveria, em princípio, ser traduzido. Mas surge a dificuldade: é impossível deixar de traduzir "Rome" (ao contrário de "Fontaines", que consta do nome Godefroy de Fontaines, logo adiante) para Roma e não se pode deixar de traduzir o primeiro nome, uma vez que se traduz o que lhe foi incorporado (dando conta da origem da pessoa). Diante de tal necessidade, preferimos Gil, em vez de Egídio — que é o mesmo nome —, na linha traçada pela melhor literatura de língua portuguesa (cf. o admirável conto "São Frei Gil", de Eça de Queirós). (N. do T.)

Se bem que quase não fossem respeitadas, as condenações decapitaram o partido averroísta. Siger de Brabante acabou miseravelmente, sem dúvida. Seu fim está cercado de mistério. Prisioneiro na Itália, Siger teria sido assassinado. Essa figura enigmática acabou por conhecer a glória póstuma graças a Dante, que o incluiu no *Paraíso* [X, 136], ao lado de Santo Tomás e de São Boaventura.

> *Essa è la luce eterna de Sigieri*
> *Che, leggendo nel vico degli strami,*
> *Silloggizzò indiviosi veri.*

(*Essa é a luz eterna de Siger/Que, ensinando na ruazinha da Palha,/ armava silogismos que verdadeiramente o complicaram* [numa tradução livre]).

É que Siger, mal conhecido, representa um meio ainda mais mal conhecido, que foi, em determinado momento, a própria alma da Universidade de Paris.

Ele exprime de fato a opinião da maioria da Faculdade das Artes que, diga-se o que se disser, foi o sal e o fermento da universidade, e frequentemente imprimiu-lhe sua marca.

Lá é que se tinha a formação de base, daquele meio é que nasciam as discussões mais apaixonadas, as curiosidades mais atrevidas, as trocas mais fecundas. Lá é que podiam ser encontrados os clérigos pobres que não chegarão até a licença, muito menos ao custoso doutorado, mas que animavam os debates com suas perguntas inquietantes. Lá é que se estava mais próximo do povo das cidades, do mundo exterior, que se preocupava menos em obter prebendas e em desagradar à hierarquia eclesiástica, que era mais vivo o espírito leigo, que se era mais livre. Lá é que o aristotelismo produziu todos os seus frutos. Lá é que se chorou como uma perda irreparável a morte de Tomás de Aquino. Foram os *artistas* que, numa carta comovedora, reclamaram da ordem dominicana os despojos mortais do grande doutor. O ilustre teólogo foi um deles.

Foi no meio averroísta da Faculdade das Artes que se elaborou o ideal mais rigoroso do intelectual.

Boécio da Dácia é que afirmou que *os filósofos* — assim se chamavam os intelectuais — *são naturalmente virtuosos, castos e moderados, justos, fortes e liberais, doces e magnânimos, magníficos, submissos às leis, afastados da atração dos prazeres...*, esses mesmos intelectuais que, no seu tempo, eram perseguidos *por malícia, por inveja, por ignorância e por estupidez.*

Magnânimos. Eis a palavra-chave. Como mostrou admiravelmente o padre Gauthier[1], é entre os intelectuais que se encontra o ideal supremo da magnanimidade, que já com Abelardo era virtude de iniciativa, *paixão de esperança.* A magnanimidade é *entusiasmo pelas tarefas humanas, energia na sua força de homem, confiança nas técnicas humanas que, a serviço da força do homem, são as únicas capazes de assegurar o sucesso das tarefas humanas.* É uma *espiritualidade tipicamente leiga, feita por homens que permanecem compromissados com o mundo, e buscam Deus, não imediatamente como a espiritualidade monástica, mas através do homem e através do mundo.*

AS RELAÇÕES ENTRE A RAZÃO E A EXPERIÊNCIA

Outras conciliações difíceis de realizar: entre a razão e a experiência, entre a teoria e a prática.

---

[1]*Magnanimité. L'idéal de la grandeur dans la philosophie païenne et dans la théologie chrétienne.* [Magnanimidade. O ideal da grandeza na filosofia pagã e na teologia cristã], 1951.

A escola inglesa, com o grande sábio que foi Robert Grosseteste, chanceler de Oxford e bispo de Lincoln, e depois com Roger Bacon, é que fez a primeira tentativa de conciliação. Roger Bacon definiu-lhe o programa em sua *Opus majus*: *Os latinos estabeleceram as bases da ciência quanto às línguas, a matemática e a perspectiva, eu quero agora me ocupar das bases fornecidas pela ciência experimental, porque sem experiência de nada se pode saber suficientemente... Se alguém que nunca viu o fogo prova através de raciocínio que o fogo queima, transforma as coisas e as destrói, o espírito do ouvinte não ficará satisfeito com isso e não lutará contra o fogo antes de ter posto a mão ou alguma coisa que queime no fogo, para provar através da experiência o que aprendera pelo raciocínio. Mas, uma vez feita a experiência da combustão, o espírito está satisfeito e repousa sobre a luz da verdade. Portanto, a razão não é suficiente, mas a experiência o é.* A escolástica aqui se prepara para negar, o equilíbrio está prestes a ser rompido, o empirismo se manifesta.

AS RELAÇÕES ENTRE A TEORIA E A PRÁTICA

São os médicos, e com eles os cirurgiões e os oculistas, que afirmam a necessidade de união entre a teoria e a prática. *A cirurgia, que se aprende apenas na prática*, diz Averroés, *e que é exercida sem estudo prévio da teoria, como a cirurgia dos camponeses e de todos os iletrados, é uma obra puramente mecânica, não é propriamente teórica e em rigor não é nem uma ciência nem uma arte.* Mas, em compensação, afirma ele: *depois dos estudos teóricos o médico deve se entregar com assiduidade aos exercícios práticos. As lições e as dissertações só ensinam uma parte da cirurgia e da anatomia. Na verdade, há poucas coisas nessas ciências que possam ser representadas através do discurso.*

Mas não estará a escolástica próxima de cair em uma de suas tentações maiores: a abstração?

Sua língua, o latim, se permanece uma língua viva porque sabe se adaptar às necessidades da ciência do tempo e deve com isso exprimir todas as novidades, não recebe porém o enriquecimento das línguas vulgares em pleno desenvolvimento, e afasta os intelectuais da massa leiga, de seus problemas, de sua psicologia.

Ligado às verdades abstratas e eternas, o escolástico arrisca-se a perder o contato com a história, com o contingente, com o movente, o evolutivo. Quando Santo Tomás diz: *O fim da filosofia não é saber o que pensaram os homens, mas sim qual é a verdade das coisas* está se recusando a aceitar exatamente uma filosofia que não seria mais do que uma história do pensamento dos filósofos, mas não estará também amputando uma dimensão do pensamento?

Um dos grandes riscos dos intelectuais escolásticos é formar uma tecnocracia intelectual. Veja-se que os mestres escolares monopolizaram, no fim do século XIII, os altos cargos eclesiásticos e leigos. São bispos, arcediagos, cônegos, conselheiros, ministros. É a era dos doutores, teólogos e jurisconsultos. Uma franco-maçonaria universitária sonha dirigir a Cristandade. E proclama com Jean de Meung, com Boécio da Dácia que o *intelectual é mais do que um príncipe, mais do que um rei.* Roger Bacon, consciente de que a ciência deve ser trabalho coletivo e que sonha com uma imensa equipe de sábios, também queria que, junto aos chefes temporais, os universitários dirigissem os destinos do mundo. Implora ao papa que tome a iniciativa de constituir essa coorte dirigente. A propósito do cometa de 1264 que anunciava pestes e guerras ele exclama: *Que utilidade terá quanto a isso a Igreja, se a qualidade do céu, nessa época, terá sido desvendada pelos sábios e eles é que terão comunicado os fatos aos prelados e aos príncipes... Não teria havido num caso desses uma tal hecatombe de cristãos nem tantas almas conduzidas para o Inferno.*

Atitude piedosa, que esconde uma terrível utopia. Também para o intelectual seria preciso dizer: *sutor, ne supra...**
Se é justo que a ciência desemboque em política, raramente é bom que o sábio se torne um político.

---

*Referência ao ditado latino *Sutor, ne supra crepidam*, também enunciado *Ne sutor supra crepidam* ou ainda *Ne sutor ultra crepidam* (Não vá o sapateiro além da sandália, ou Não suba o sapateiro além da sandália). (N. do T.)

Do *universitário* ao *humanista*

O DECLÍNIO DA IDADE MÉDIA

O fim da Idade Média é um período de muda. A interrupção do desenvolvimento demográfico, depois seu refluxo, que agrava as fomes e as pestes, entre as quais a de 1348, foi catastrófica, as perturbações no crescimento da economia ocidental com metais preciosos, que produzem uma febre de prata e depois de ouro tornada mais aguda com as guerras — Guerra dos Cem Anos, Guerra das Duas Rosas, guerras ibéricas, guerras italianas —, aceleram a transformação das estruturas econômicas e sociais do Ocidente. A evolução da renda feudal, que assume maciçamente uma forma monetária, transtorna as condições sociais. Cava-se o fosso entre as vítimas e os beneficiários dessa evolução. A linha de separação passa no meio das classes urbanas. Enquanto a classe dos artífices, mais duramente explorada, manifesta em algumas regiões (Flandres, Itália do Norte, grandes cidades) formas de proletarização e iguala-se à massa camponesa quanto às condições de vida, as camadas superiores da burguesia urbana, que têm como fontes de sustento simultaneamente uma atividade pré-capitalista em evolução e rendas territoriais que souberam garantir, fundem-se com as antigas classes dominantes — nobreza, clero regular e alto clero secular —, cuja maioria obtém sucesso na tentativa de virar em seu favor uma situação comprometida. Nessa virada, os fatores políticos desempenham um papel capital. O poder político sai em socorro das forças econômicas. Durante séculos será mantido o Antigo Regime. É a era do príncipe. É servindo-o, tornando-se seu funcionário ou seu cortesão, que se consegue riqueza, poder, prestígio. Os antigos poderosos compreenderam que se aliando às tiranias e às monarquias junto com os homens novos, pelo favor do príncipe, infiltrar-se-iam entre eles.

Nesse contexto o intelectual da Idade Média vai desaparecer. O primeiro plano da cena cultural será ocupado por uma nova personagem: o humanista. Mas este só surge depois de assentada a poeira na qual se dissiparam seus predecessores. Esses antecessores não foram assassinados, eles provocaram essa morte, essa metamorfose. A grande maioria dos universitários, no correr dos séculos XIV e XV, preparou com suas negações o desaparecimento do intelectual medieval.

A EVOLUÇÃO DAS VICISSITUDES DOS UNIVERSITÁRIOS

Entre pertencer ao mundo do trabalho e integrar-se aos grupos privilegiados, o universitário do fim da Idade Média escolheu de modo definitivo. Deixou de haver, durante séculos no Ocidente, trabalhador intelectual. Ou melhor, só eram designados assim obscuros professores das escolas comunais que não tinham uma presença notável no movimento intelectual, embora alguns dentre eles desempenhassem um papel nos movimentos revolucionários como o Tumulto dos Ciompi, em Florença, em 1378.

Sem dúvida os universitários dos séculos XIV e XV não abandonam os recursos que podem tirar de um trabalho assalariado. Mais que isso, agarram-se avidamente a essas condições miúdas naqueles tempos difíceis. Reivindicam dos estudantes o pagamento das aulas — que a Igreja não pôde manter de modo definitivo — com sofreguidão crescente. Fazem crescer as prescrições que definem os presentes que os estudantes devem dar ao mestre no momento dos exames. Restringem todas as despesas universitárias que possam prejudicá-los. O número de estudantes pobres que fazem o curso e chegam à graduação gratuitamente declina em pouco tempo, por estatuto. Em Pádua, no início do século XV, não há mais do que um por faculdade: providência que salvaguardava teoricamente o princípio defendido pela Igreja. É o equivalente do tributo que o grande comerciante retira de saída de seus benefícios para os pobres.

Do mesmo modo, está suspensa aquela alimentação concedida pelas universidades aos estudantes de condição modesta que tinham sido o fermento das faculdades. Não restarão, de agora em diante, entre eles, mais do que aqueles que um protetor manterá por estar estreitamente ligado a eles, ou aqueles que se contentam com uma existência boêmia na qual as ambições intelectuais são secundárias — um Villon*, por exemplo.

Uma curiosa decisão dos doutores em Direito Civil de Pádua ilustra essa relação entre mestres e estudantes. Um adendo

---

*François Villon (Paris, 1431-1463 ou mais tarde, em lugar incerto), o poeta. De família muito humilde, foi adotado por um capelão de Sain-Benoit, Guillaume de Villon, que lhe deu o sobrenome e proporcionou-lhe a oportunidade de estudar. Foi sempre estudante indisciplinado que acabou por se ligar a um bando de ladrões, os "Coquillards" (traziam na gola uma concha — *coquille* —, como os peregrinos), de cujo jargão se utilizou para compor algumas baladas. A partir de um roubo mais grave, passou a vida fugindo e em boa parte preso. Sempre vivendo de rapina, foi condenado à forca em 1462, mas teve a pena comutada e transformada em banimento em janeiro de 1463. A partir dessa data nunca mais foi localizado. Compôs sempre formas fixas como a balada e o rondó, de "graça incomparável", segundo o *Grand Larousse Encyclopédique*, para o qual seu estilo muito pessoal abre a era moderna da poesia francesa. (*N. do T.*)

aos estatutos que data de 1400 institui uma escala móvel para os direitos universitários que beneficiavam os mestres, enquanto os estudantes bolsistas tinham as bolsas mantidas a uma taxa fixa. Por esse caminho a política universitária mergulha num fenômeno de conjunto que se manifesta pela Europa ocidental na segunda metade do século XIV. Diante da alta dos preços, autoridades administrativas e empregadores se esforçam para bloquear os salários, sem considerar a ligação entre o custo de vida e as remunerações. Se fosse levada em conta, tal ligação poderia conduzir a uma escala móvel dos salários, pois os beneficiários de rendas, de impostos, de aluguéis nunca deixaram de tentar, frequentemente com sucesso, adaptar os rendimentos ao custo de vida, seja por avaliações de pagamentos em espécie seja por conversão em moeda real dos pagamentos avaliados em moeda imaginária de câmbio.

Mostra esse exemplo que os universitários juntam-se aos grupos sociais que vivem de rendimentos de ordem feudal ou senhorial, ou capitalista.

É, aliás, de rendimentos dessa ordem que os universitários conseguem a maioria dos seus recursos. Benefícios eclesiásticos em primeiro lugar, mas também investimento da fortuna em bens imóveis: casas e terras. O cartulário da Universidade de Bolonha permite acompanhar a formação, especialmente no fim do século XIII, de consideráveis fortunas universitárias. Os mestres — e isso vale sobretudo para os mais célebres, que ganham mais, porém não deixa de valer, em um grau menor, para a maioria — tornam-se ricos proprietários. Seguindo o exemplo dos outros ricos, acabam se entregando também a uma atividade de especulação. Transformam-se em usurários. São vistos emprestando a juros principalmente para estudantes necessitados e retendo o mais frequentemente como penhor esses objetos para eles de duplo valor: os livros.

Francesco Accursio* possui bens em Budrio, em Olmetola, uma esplêndida casa de campo em La Riccardina com uma roda hidráulica que era uma verdadeira maravilha para a época. Em Bolonha ele é dono, com seus irmãos, de uma bela casa com torre que forma a atual ala direita do Palácio Comunal. Fazia parte, com outros doutores, de uma sociedade comercial para a venda de livros em Bolonha e no exterior. Entregou-se à usura em escala tão vasta que na hora da morte teve de pedir absolvição ao papa Nicolau IV, como de hábito concedida.

Caso idêntico é o de Alberto d'Odofredo, filho do grande Odofredus, que foi usurário *non paeciol, ma sovrano* ("*não pequeno, mas soberano*") e tinha, ao mesmo tempo que numerosos bens territoriais, interesse numa empresa de linho.

O mestre Giovanni d'Andrea dá como dote à filha Novella, em 1326, seiscentos bolonhinos de ouro, soma considerável.

Mas essas rendas também acabam sendo atingidas pelo aviltamento dos rendimentos feudais e territoriais como consequência de sua conversão em dinheiro e das vicissitudes monetárias do fim da Idade Média, marcado pelas desvalorizações e pelas crises. Assiste-se ao fim da riqueza de vários universitários, casas e terras são vendidas uma a uma. Daí as tentativas de esticar ao máximo outros ganhos recebidos: aulas particulares aos estudantes, pagamentos por exames. Daí, também, a renovação, a partir de suas bases econômicas, de uma parte do pessoal universitário. Daí, enfim, as razões de ordem financeira que empurrarão os universitários para os novos centros de riqueza, para a corte dos príncipes e as rodas dos mecenas eclesiásticos e leigos.

---

*Jurisconsulto bolonhês (1185-1263), o mais notável dos glosadores do direito romano e um de seus renovadores, autor da *Grande glosa*. Dante lhe deu um lugar no *Inferno*. (*N. do T.*)

Rumo a uma aristocracia hereditária

A renovação desse pessoal é, entretanto, paralisada pela tendência de recrutar hereditariamente os universitários. O célebre jurista Accursio, no século XIII, já tinha reclamado um direito preferencial para os filhos de doutores na sucessão das cadeiras vacantes em Bolonha. Mas a Comuna foi contra isso em 1295, 1299 e 1304. Vãs medidas. Quando em 1397 os novos estatutos do colégio dos juristas prescrevem que só um cidadão bolonhês por ano seria promovido ao doutorado, os filhos, irmãos e sobrinhos de doutores não estão incluídos nessa proibição. Dava-se-lhes, ao contrário, o direito de ocupar um espaço amplo entre os doutores. Em Pádua é decretada, em 1394, a entrada gratuita no colégio de juristas para todo doutor descendente na linha masculina de um doutor, mesmo que um dos intermediários não tenha sido doutor. Em 1409 estabelece-se que um filho de doutor deve submeter-se aos exames gratuitamente. Essa constituição de uma oligarquia universitária, ao mesmo tempo que contribuía singularmente para baixar o nível intelectual, conferia ao meio universitário um dos caracteres essenciais da nobreza: a hereditariedade. Transformava o meio universitário numa casta.

Para se constituir numa aristocracia, os universitários adotam um dos meios habituais dos grupos e dos indivíduos para entrar na nobreza, como admiravelmente viu Marc Bloch: levam um gênero de vida nobre.

De seus hábitos e dos atributos de sua função fazem símbolos de nobreza. A cátedra, que cada vez mais se cobre de um dossel, à maneira senhorial, isola-os, exalta-os, glorifica-os. O anel de ouro e a boina, o barrete que usam no dia do *conventus publicus* ou do *inceptio* são cada vez menos insígnias de função e cada vez mais emblemas de prestígio.

Usam a longa túnica, o capuz de pele de esquilo, frequentemente uma gola de arminho e, sobretudo, longas luvas que, na Idade Média, são símbolo de posição social e de poder. Os estatutos pedem aos candidatos quantidades crescentes de luvas para oferecer aos doutores no momento do exame. Um texto bolonhês de 1387 dá conta: *O candidato terá de depositar antes de seu doutorado, em tempo hábil, nas mãos do bedel um número suficiente de luvas para os doutores do colégio... Essas luvas serão bastante longas e amplas para cobrir a mão e ir até o meio do braço. Serão de bom couro de camurça e suficientemente largas para que nelas entrem as mãos com naturalidade e bem. Por bom couro de camurça entenda-se que serão aquelas pelas quais se paga pelo menos 23 soldos a dúzia.*

As festas de doutorado cada vez são mais ricas em diversões variadas como entre os nobres: bailes, representações teatrais, torneios.

As casas dos universitários tornam-se luxuosas e as dos mais ricos, como Accursio, são guarnecidas por torres, teoricamente reservadas aos nobres. Seus túmulos são verdadeiros monumentos, como esses que ainda ornamentam as igrejas de Bolonha, ou são mesmo construídos ao ar livre.

Os reitores de Bolonha cedo são estatutariamente obrigados a levar *vida nobre*, e entre eles podem ser encontrados membros da família ducal de Borgonha e da família marquesal de Bade. Ganham o direito de portar armas e de serem acompanhados por uma escolta de cinco homens.

Os *artistas*, menos estimados, obtêm entretanto o privilégio de não fazer o serviço militar e os estudantes, se são ricos para isso, podem pagar um substituto.

Uma evolução significativa vê-se no título de mestre. De início, no século XII, o *magister* é o contramestre, o chefe de oficina. O mestre-escola é mestre como são os outros artesãos.

Seu título indica sua função num determinado setor. Logo se torna título de glória. Já Adam du Petit-Pont critica uma prima que do fundo dos campos ingleses escreve-lhe para Paris sem saudá-lo com o título invejado. Um texto do século XIII declara: *Os mestres não ensinam para serem úteis, mas para serem chamados de Rabi*, quer dizer, de senhores, segundo o texto do Evangelho. *Magister*, no século XIV, torna-se o equivalente de *dominus*, senhor.

Os mestres de Bolonha são chamados nos documentos: *nobiles viri et primarii cives* (*homens nobres e cidadãos principais*) e na vida corrente de *domini legum*, os senhores juristas. Os estudantes tratam seu mestre favorito de *dominus meus*, meu senhor, e esse título evoca as ligações da vassalidade.

Até mesmo um gramático, Mino da Colle, declara a seus alunos: *A possessão tão desejada da ciência vale mais do que qualquer outro tesouro; ela faz o pobre sair de sua poeira, torna nobre o não nobre e lhe confere uma reputação ilustre, e permite ao nobre ultrapassar os não nobres pertencendo a uma elite.*

Eis a ciência transformada em possessão e tesouro, instrumento de poder e não mais um fim desinteressado.

Como Huizinga notou com tanta perspicácia, a Idade Média, em seu declínio, tende a estabelecer uma equivalência cavalaria-ciência, a dar ao título de doutor os mesmos direitos que os de cavaleiro. *Ciência, Fé e Cavalaria são os três lírios do rosário de flores-de-lis de Philippe de Vitry* (1335) *e se pode ler no livro dos fatos do marechal de Boucicaut:* "*Duas coisas foram instituídas pela vontade de Deus, como dois pilares para sustentar a ordem das leis divinas e humanas. Esses dois pilares são a cavalaria e a ciência, que juntas combinam muito bem.*" Froissart, em 1391, distingue os cavaleiros das armas e os *cavaleiros das leis*. O imperador Carlos IV tinha dado a acolada* a Bartolo, e o direito de usar as armas da Boêmia. Termo dessa evolução: Francisco I, em 1533, concede a cavalaria aos doutores da Universidade.

Compreende-se que personagens tornadas tão eminentes não aceitassem mais o risco de serem confundidas com trabalhadores. Isso seria renunciar à nobreza em virtude do princípio de *dérogeance***, tão forte sobretudo na França, a ponto de Luís XI ter lutado em vão contra ele. Os intelectuais se uniram em torno da opinião que mais uma vez via os trabalhos manuais com um desprezo profundo, espírito que no tempo do humanismo será agravado — como não escapou à visão lúcida de Henri Hauser — através dos preconceitos alimentados pelas letras greco-latinas. Estamos longe, daí em diante, do impulso que nas cidades dos séculos XII e XIII aproximava as artes liberais das artes mecânicas num dinamismo comum. Assim se cumpre o divórcio, ameaçador na escolástica, entre teoria e prática, entre ciência e técnica. Viu-se isso com clareza entre os médicos. A separação se opera entre o médico-clérigo e o boticário-comerciante, cirurgião. No século XIV, na França, uma série de editos e de ordenações sanciona a divisão dos cirurgiões — o primeiro edito foi o de Filipe, o Belo, em 1311. Distinguem-se daí em diante os *cirurgiões de beca*, que têm os graus de bacharel ou de licenciado, concedidos a partir de estatutos que começam a surgir em 1379, e que formam uma aristocracia cirurgiã, e os *bar-*

---

*Na cavalaria medieval, é a cerimônia para receber um cavaleiro. Consta de uma ligeira batida dada com a parte chata da espada no ombro do novo cavaleiro por quem o recebia — e que assim o consagrava —, seguindo-se um pequeno abraço (etimologicamente, *acolada* significa passar o braço em torno do pescoço — *col*, no francês antigo — ou seja, o abraço). (N. do T.)
**A tradução correspondente seria "derrogação", mas o termo não tem em português o sentido específico do francês *dérogeance*, que é o de "perda dos foros de nobreza", motivo pelo qual se resolveu manter o original. (N. do T.)

beiros, que cortam barba e cabelo e fazem pequenas cirurgias, vendem unguentos e tisanas, fazem sangrias, curam feridas e contusões e abrem os abcessos. Duas confrarias diferentes — a sociedade se modela pela religião — os agrupam, a de São Cosme e Damião para os primeiros e a do Santo Sepulcro para os segundos. Calcula-se que handicap* vai fazer cair sobre o progresso da ciência esse muro erguido entre o mundo dos sábios e o mundo dos práticos, o mundo científico e o mundo técnico.

Os colégios e a aristocratização das universidades

Essa aristocratização das universidades marca também o desenvolvimento dos colégios, que é preciso reconstituir em suas justas perspectivas. Fundações caridosas, os colégios começaram acolhendo apenas uma pequeníssima minoria de privilegiados, e também não foram os centros de estudo de que se fala. Se, mais tarde, alguns monopolizaram certos estudos, a ponto de o colégio fundado em 1257 por Robert de Sorbon acabar se confundindo com a Faculdade de Teologia e dar seu nome à Universidade de Paris, se as Universidades de Oxford e de Cambridge se ramificaram nos colégios transformados em base do ensino segundo um sistema que em grande parte ainda permanece intacto, eles não tiveram, de um modo geral, o papel que retrospectivamente lhes foi creditado. Muitos chegaram rapidamente à celebridade: os colégios de Harcourt (1280) e de Navarra (1304) com a Sorbonne de Paris; o de Espanha, fundado em Bolonha em 1307 pelo cardeal Albornoz; Balliol (1261-1266), Merton (1263-1270),

---

*Em inglês no original, sem grifo. (N. do T.)

University (cerca de 1280), Exeter (1314-1316), Oriel (1324), Queen's (1341), New College (1379), Lincoln (1429), All Souls, fundado em 1438 em memória dos ingleses mortos na Guerra dos Cem Anos, Magdalen (1448) em Oxford, Peterhouse (1284), King's Hall, Michaelhouse (1324), University (1326), Penbroke (1347), Gonville (1349), Trinity Hall (1350), Corpus Christi (1352), Godshouse (1441-1442), King's College (1441), Queen's College (1448), S. Catharine's (1475), Jesus (1497) em Cambridge. Mas esses estabelecimentos, se atraem naturalmente para si classes que não tinham prédio próprio, são empreendimentos bem diferentes da imagem que tradicionalmente lhes foi dada. Tornam-se o centro de um senhorio [domínio territorial], alugam ou compram casas, nas vizinhanças, primeiro, depois no campo e nas aldeias próximas, e as exploram comercialmente. Fazem com que lhes sejam reconhecidos no bairro direitos de jurisdição, regulamentam a circulação nas ruas vizinhas, alojam em seus edifícios, especialmente em Paris, as grandes famílias de magistrados, sobretudo aquelas do Parlamento. O bairro da Sorbonne torna-se assim um dos "distritos judiciários fechados" de Paris. Os colégios retornavam ao estilo das antigas abadias. Cristalizaram a aristocratização das universidades, acentuaram-lhes o caráter fechado, ao mesmo tempo que aumentavam o comprometimento dos universitários e do ensino com uma oligarquia — de beca, principalmente.

Assim, as próprias universidades tornaram-se poderes ancorados no temporal, proprietárias cujas preocupações econômicas iam além dos negócios corporativos, verdadeiros senhorios. As marcas que tinham sido a insígnia da corporação tornam-se as armas dessa senhora.

Evolução da escolástica

A essa evolução social corresponde uma evolução paralela da própria escolástica, que assim vem a renegar suas exigências fundamentais. Da extrema complexidade da filosofia e da teologia nos séculos XIV e XV, tentemos separar algumas linhas de força que se afastam das posições da escolástica do século XIII: a corrente crítica e cética que tem sua origem em Duns Scot e Ockham; o experimentalismo científico que, entre os mertonianos* de Oxford e os doutores parisienses (Autrecourt, Buridan, Oresme), conduz ao empirismo; o averroísmo que, a partir de Marsílio de Pádua e de Jean de Jandun, desemboca principalmente em política, como se vai ver, e esses dois tangenciam os grandes heresiarcas Wyclif e João Hus; o anti-intelectualismo, enfim, que dá cores rapidamente a toda a escolástica do declínio da Idade Média, alimenta-se nas fontes do misticismo de mestre Eckhart e se vulgariza no século XV com Pierre d'Ailly, Gerson e Nicolas de Cues.

Divórcio entre a razão e a fé

Com os grandes doutores franciscanos João Duns Scot (1266-1308) e Guilherme de Ockham (cerca de 1300-cerca de 1350) a teologia se desvia daquele que era, até então, o grande caminho da escolástica: o equilíbrio entre a razão e fé. A partir de 1320, aproximadamente, como bem observou Gordon Leff[1], a tradição anselmiana da *fé em busca da inteligência* é abandonada, como são abandonados os esfor-

---

*Referência ao grupo do colégio de Merton, citado no subtítulo anterior. (N. do T.)
[1]*Past and Present*, abril de 1956.

ços para encontrar uma união entre o criado e o divino, que tinha sido, através de abordagens diferentes, a ambição dos agostinianos como dos tomistas; ainda que o clima agostiniano seja mais do século XIV e XV do que o espírito tomista contra o qual se insurgem, ao contrário, os pensadores dessa época.

Duns Scot foi quem deu a partida para a separação entre a razão e os assuntos da fé. Deus é tão livre que escapa à razão humana. A liberdade divina, tornando-se o centro da teologia, deixa a teologia fora do alcance da razão. Guilherme de Ockham caminha no mesmo sentido e torna completo o divórcio entre o conhecimento prático e o conhecimento teórico, aplicando as consequências da doutrina scotista à relação entre o homem e Deus. Distingue um conhecimento abstrato e um conhecimento intuitivo. Por oposição ao conhecimento intuitivo, o conhecimento abstrato *não nos permite saber se uma coisa que existe, existe, ou se uma coisa que não existe, não existe... O conhecimento intuitivo é aquele através do qual sabemos que uma coisa é, quando ela é, e que ela não é, quando ela não é.* Sem dúvida, como mostrou Paul Vignaux, a lógica ockhamiana não leva obrigatoriamente ao ceticismo. O processo do conhecimento não implica necessariamente a existência do objeto conhecido. Chegar-se-á à verdade por dois caminhos inteiramente separados: a prova não se relacionava com aquilo que se podia constatar por experiência; todo o resto era objeto de especulação, não levando a nenhuma certeza, no máximo a probabilidades. Mas a aplicação desses princípios à teologia pelo próprio Ockham desemboca no pessimismo. Deus, sendo definido apenas por sua onipotência, *torna-se sinônimo de incerteza, deixa de ser a medida de todas as coisas... Em consequência, a razão não podia mais sustentar ou confirmar a crença. A crença tinha de abandonar o campo da discussão, deixando caminho livre para o fato, ou submeter-se à dúvida que determinava todo o caminho extrassensível.*

K. Mischalsky mostrou muito bem como os ockhamistas, a partir desses dados, desenvolveram filosofia e teologia em criticismo e ceticismo. O próprio ensino dos universitários traz disso uma profunda marca. O comentário das *Sentenças* de Pierre Lombard, até então pedra de toque do ensino teológico, é cada vez mais desdenhado. Depois de Ockham as *questões* diminuem em número e se concentram sempre mais sobre a onipotência, o livre-arbítrio. Ao mesmo tempo, todo o equilíbrio da natureza e da graça é rompido. O homem pode cumprir tudo aquilo que Deus reclama dele mesmo fora da graça. Todo o ensino dogmático é de alcance nulo. O conjunto dos valores é transtornado. O bem e o mal não mais se excluem necessariamente. As coisas humanas não podem mais ser discutidas a não ser em termos naturais, confrontadas com a experiência.

Sem receio, os adversários do ockhamismo — como o oxfordiano Thomas Bradwardine — aceitam situar-se no mesmo plano, discutem os mesmos problemas. Seu autoritarismo, que faz da autoridade do dogma o centro de toda a verdade e de todo o conhecimento, leva a uma conclusão também radical da razão. Como com profundidade viu Gordon Leff, sem esse trabalho destruidor da teologia cética *não poderia ter havido nem Renascimento nem Reforma*. Desse momento em diante a estrada está livre para um voluntarismo que, deformado, pervertido, legitimará a vontade de poder, justificará a tirania do príncipe. Os últimos escrúpulos serão varridos — como os de Gabriel Biel que, defendendo seu mestre Ockham, afirma que ele, apesar de tudo, não traiu seu ofício intelectual: *Seria vergonhoso que um teólogo não pudesse dar alguma inteligência e alguma razão de crer*, ou de Pierre d'Ailly que declara com uma pura restrição de estilo:

Nossa fé sendo verdadeira e muito salutar, não conviria que não se pudesse defendê-la nem sustentá-la com argumentos prováveis.

LIMITES DA CIÊNCIA EXPERIMENTAL

É esse criticismo que caracteriza a obra lógica e científica dos mertonianos como William Heytisbury e Richard Swineshead — obra, aliás, oriunda da linhagem de Grosseteste e de Roger Bacon — e dos parisienses Nicolas d'Autrecourt, Jean Buridan, Albert de Saxe e Nicole Oresme. Eles se contentam com a experiência: *Não dou tudo isso como certeza, mas apenas pediria aos Senhores Teólogos que me explicassem como tudo isso se produz.*

Esses mestres são tidos como precursores dos grandes sábios desde o início da Idade Moderna; Jean Buridan, que foi reitor da Universidade de Paris e que a posteridade conhece paradoxalmente por seus pretensos amores escandalosos com Joana de Navarra e por seu asno célebre*, teria *previsto os fundamentos da dinâmica moderna*, dado uma

---

*Segundo a fábula do asno de Buridan, muito conhecida, um burrinho morre de fome e de sede, indeciso entre um feixe de aveia e uma tina d'água, incapaz de escolher a qual se dirigir primeiro. Por essa fábula, diz-se que Buridan queria combater o livre-arbítrio provando por absurdo que na prática as escolhas do homem sempre são forçadas, mesmo entre dois bens de igual valor. Não há certeza quanto à autoria da historinha conhecida como *O asno de Buridan*, apenas atribuída a ele, pois entre seus escritos ela não figura. Quanto a seus amores com Joana de Navarra, não passam de lenda, pois Buridan, nascido em 1300, tinha cinco anos quando Joana morreu, em 1305. Buridan tornou-se reitor da Universidade de Paris em 1327, portanto com 27 anos. Dialético sutil, dedicou-se, sobretudo, ao estudo da lógica e de comentários sobre Aristóteles, que chama de mestre por excelência. Professou com brilho o *nominalismo* de Ockham, teólogo inglês há pouco citado (o *nominalismo* nega a existência da liberdade humana). (N. do T.)

definição do movimento de um corpo muito próxima do *ímpeto* de Galileu e da *quantidade de movimento* de Descartes. *Se um lançador de projéteis lança com igual velocidade um pequeno pedaço de madeira e um pesado pedaço de ferro, sendo esses dois pedaços do mesmo volume e do mesmo desenho, o pedaço de ferro irá mais longe porque o impulso dado a ele é mais intenso.* Albert de Saxe, por sua teoria da gravidade, teria *exercido influência sobre todo o desenvolvimento da estática até a metade do século XVII, e está por trás dos estudos dos fósseis de Leonardo da Vinci, Cardan e Bernard Palissy.* Quanto a Nicole Oresme, que teria percebido com clareza a lei da queda dos corpos, o movimento que a terra faz em um dia e o uso das coordenadas, seria *o predecessor direto de Copérnico.* Segundo o físico e filósofo francês Pierre Duhem (1861-1916), suas demonstrações baseiam-se em argumentos cuja *clareza e precisão ultrapassam em muito o que Copérnico escreveu sobre o mesmo assunto.* Visões discutíveis, e que foram discutidas. Permanece o fato de que, embora esses sábios tenham tido intuições notáveis, suas conclusões ficaram estéreis durante longo tempo. Não podiam produzir resultados fecundos porque esbarravam em gargalos de estrangulamento da ciência medieval: a ausência de um simbolismo científico capaz de traduzir em formas claras e suscetíveis de aplicações extensas e fáceis os princípios de sua ciência, o atraso das técnicas, incapazes de aproveitar as descobertas teóricas, a tirania da teologia que impedia os "artistas" de disporem de noções científicas claras. Os sábios do século XIV começam a revelar seus segredos graças aos trabalhos de A. Koyré, A.-L. Maier, A. Combes, M. Clagett, G. Beaujouan. Mas é muito possível que, ao contribuir para o descrédito do racionalismo, eles não agissem só para provocar dificuldades.

O ANTI-INTELECTUALISMO

Esses sábios unem toda a corrente anti-intelectualista que a partir daquele momento conquista os espíritos. O misticismo de mestre Eckhart seduz a maior parte dos pensadores do fim da Idade Média. Em 1449, o cardeal Nicolas de Cues, autor da última grande suma escolástica da Idade Média, assume a defesa de Eckhart, ataca o aristotelismo e faz a *Apologia da douta ignorância*. *O maior perigo contra o qual os sábios nos advertiram é aquele que resulta da comunicação do secreto a espíritos cativos da autoridade por um hábito inveterado, porque é tão forte o poder de uma longa observância que a maior parte prefere antes renunciar à vida do que ao costume; temos experiência disso através das perseguições infligidas aos judeus, aos árabes e a outros hereges empedernidos, os quais afirmam como uma lei sua opinião, confirmada pelo uso do tempo, e que põem acima da própria vida. Ora, hoje é a seita aristotélica que prevalece, e ela considera uma heresia a coincidência dos opostos, cuja admissão é o único caminho para a teologia mística. Aos que têm sido alimentados por essa seita, esse caminho parece absolutamente insípido e contrário a seus propósitos. Por isso o rejeitam de longe e seria um verdadeiro milagre, uma verdadeira conversão religiosa, se, rejeitando Aristóteles, progredissem até os píncaros...* E, depois de ter tomado a defesa de Eckhart, Nicolas de Cues termina com esta mensagem: *Mando-lhe estas declarações para que você as leia e, se julgar necessário, faça com que outros as leiam, a fim de que, pelo calor interno, possa crescer essa admirável semente e para que nos elevemos até as visões das realidades divinas. Porque já ouvi dizer que graças a seus cuidados fervorosos essa semente comunicada através da Itália a espíritos zelosos trará muitos frutos. Não há nenhuma dúvida de que esta especulação vencerá todas as formas de raciocinar de todas as filosofias, se bem que seja difícil renunciar aos hábitos recebidos. E, à medida que você progredir, não esqueça de fazer com que eu aproveite sempre esse seu progresso. Porque é só numa espécie de pasto divino que eu refaço minhas forças, enquanto Deus me permitir, usando da Douta Ignorância e aspirando sem cessar ao gozo daquela Vida que, por enquanto, só distingo através de imagens distantes, mas da qual me esforço a cada dia para me aproximar mais. Que Deus, tão desejado e para sempre abençoado, nos dê, libertados deste mundo, atingi-la enfim. Amém*[1].

Já Richard Fitzralph, no meio do século XIV, tinha dado como exemplo sua própria conversão da filosofia para uma teologia fideísta. Expressou-se em uma prece ao Cristo, ao qual declara: *Antes que eu Vos tivesse, a Vós que sois a Verdade, para me conduzir, tinha ouvido, sem compreender, o tumulto dos filósofos, cujos falatórios eram dirigidos contra Vós, os judeus astuciosos, os gregos orgulhosos, os árabes materialistas e os armênios ignorantes...* E em sua *Suma*, ele abandona deliberadamente os argumentos escolásticos para usar unicamente os textos da Bíblia.

O grande inimigo de agora em diante, já o vimos em Nicolas de Cues, é Aristóteles. *Antes*, diz ainda Fitzralph, *meu pensamento se tinha ligado aos ensinamentos de Aristóteles e a argumentações que só pareciam profundas aos homens profundos em vaidade...* Pierre d'Ailly, que foi reitor em Paris, faz-lhe eco: *Na filosofia ou na doutrina de Aristóteles, não há nenhuma ou poucas razões claramente demonstrativas... Concluímos que a filosofia ou a doutrina de Aristóteles merece antes o nome de opinião que o de ciência. Em consequência, essas pessoas que aderem teimosamente à autoridade de Aristóteles merecem forte repreensão.*

---

[1] Tradução [do latim medieval para o francês] de M. de Gandillac.

Tal é também o pensamento de Jean de Gerson, esse outro ilustre reitor da Universidade de Paris na virada do século XIV para o século XV. Pôde-se-lhe atribuir *a Imitação de Jesus Cristo*, que declara: *Muitos se cansam e se atormentam para adquirir ciência, e eu vi, diz o Sábio, que isso também era vaidade, trabalho e aflição do espírito. Para que lhe servirá conhecer as coisas deste mundo, quando mesmo este mundo terá passado? No último dia, não lhe será perguntado o que você soube, mas o que você fez, e nos infernos não haverá mais ciência, infernos nos quais você se precipita. Pare com esse trabalho vão.*

Assim, a escolástica dá lugar a uma volta da santa ignorância, a ciência racional se apaga diante de uma piedade afetiva da qual os sermões e os opúsculos de Gerson e de d'Ailly são a expressão. Assim, os universitários se aproximam de uma certa espiritualidade humanista, a espiritualidade da *devotio moderna* [devoção moderna], que, como se sabe, exerceu sedução sobre Erasmo.

A NACIONALIZAÇÃO DAS UNIVERSIDADES: A NOVA GEOGRAFIA UNIVERSITÁRIA

As universidades perdem também, no curso desses dois séculos, seu caráter internacional. A causa principal disso está na fundação de muitas universidades novas nas quais o recrutamento assume um aspecto cada vez mais nacional ou até mesmo regional.

Desde o século XIII os progressos da *Reconquista* espanhola e o fortalecimento da autoridade dos monarcas ibéricos fazem nascer na península estabelecimentos que, embora em alguns casos desenvolvessem escolas anteriormente existentes, não têm mais aquele caráter de formação espontânea e progressista de Bolonha, de Paris e de Oxford. São, na maioria das vezes, verdadeiras criações da colaboração dos soberanos e dos papas.

Primeiro frustrou-se a fundação de uma universidade em Palência, depois nasceu Salamanca, graças aos esforços de Afonso IX de Leão, entre 1220 e 1230. A Universidade de Salamanca consolidou-se definitivamente com a carta régia de Afonso X, o Sábio, ilustre sábio ele próprio, em 1254, e a bula de confirmação do papa Alexandre IV, em 1255. Depois aparecem sucessivamente Lisboa e Coimbra (1290), Lérida (1300), Perpignan (1350)*, Huesca (1354), Barcelona (1450), Saragoça (1470), Palma de Maiorca (1483), Siguenza (1489), Alcalá (1499) e Valência (1500)**.

A partir do século XIV, a movimentação ganhou os países do centro, do leste e do norte da Europa. Primeira no Império, Praga é criada em 1347 pelo papa Clemente VI a pedido de Carlos IV, que com isso quer valorizar em primeiro lugar seu reino da Boêmia. Seguem-na Viena, fundada por Rodolfo IV e Urbano V em 1365, refundada por Alberto III em 1383. Erfurt, embora tivesse em seu favor as bulas de dois papas (Clemente VII em 1379 e Urbano VI em 1384), só surgiria em 1392, Heildelberg (1385), Colônia (1388), Leipzig, nas-

---

*Francesa em definitivo desde o século XVII, Perpignan balançou até então entre a Espanha (reinos de Maiorca e de Aragão e Espanha propriamente) e a França. Na época do surgimento da universidade digamos, para simplificar as coisas, que era espanhola. (N. do T.)

**Antenor Nascentes aportuguesa o espanhol Valencia para Valença, que parece ser a melhor forma. Ficamos, entretanto, com a forma Valência (preferência, por exemplo, de Antônio Houaiss, ver o verbete "valenciano" no *Dicionário Houaiss*), por ser a mais encontradiça pelo menos entre brasileiros. Por coerência, tentando unificar as coisas, ficamos também com a forma Palência, embora em princípio neste caso (pequena cidade, pouco citada) não devesse haver aportuguesamento. (N. do T.)

cida em 1409 das crises em Praga, Rostock (1419), Trier*, que, fundada em 1459, só existiu verdadeiramente a partir de 1473, Greifswald (1456), Friburgo-em-Brisgau (1455-1456), Basileia (1459), Ingolstadt, que depois de ter obtido uma bula de Pio II em 1459 só se organizou em 1472, Mogúncia (1476)**, Tubingen (1476-1477)***. Louvain****, fundada em 1425, atraiu os estudantes da região da Borgonha. Cracóvia, fundada por Casimiro, o Grande, em 1364, foi refundada por Ladislau Jagelão com a ajuda de Bonifácio IX em 1397-1400, Pecs [Hungria] ensinou o direito canônico a partir de 1367, Budapeste, fundada em 1389, floresceu de modo efêmero em 1410, e Pressburg*****, fundada em 1465-1467. A Suécia teve sua universidade em Upsala, em 1477, a Dinamarca teve a sua em Copenhague, em 1478. Enquanto Oxford e Cambridge monopolizavam o mundo erudito inglês, os reis da Escócia fundavam três universidades, em Saint Andrews (1413), Glasgow (1450-1451) e Aberdeen (1494).

Na Itália, universidades de vida efêmera, nascidas frequentemente dos êxodos de mestres e estudantes de Bolonha

---

*Há a forma aportuguesada Treves, através do francês Trèves, entretanto pouco usada no Brasil. Daí preferirmos manter o nome alemão. (*N. do T.*)
**Em alemão Mainz. No caso, entretanto, o aportuguesamento é obrigatório dada a célebre Bíblia de Mogúncia, frequentemente citada, da qual a nossa Biblioteca Nacional possui um exemplar. (*N. do T.*)
*** Os portugueses adaptam sempre o nome para Tubinga. Como, entretanto, o hábito é pouco difundido no Brasil, preferimos manter o original alemão. (*N. do T.*)
**** Também neste caso em Portugal há sempre a adaptação, usando-se a forma Lovaina. No Brasil, embora já se encontre aqui e ali essa forma, ainda é mais comum encontrar a cidade belga citada pelo seu nome francês. Em flamengo é Leuven. (*N. do T.*)
***** É a atual Bratislava, capital da Eslováquia. Na época era conhecida pelo nome alemão que aí está, Pressburg, porque no século XIII, quando pertencia à Hungria, atraiu numerosos comerciantes alemães, que lhe deram esse nome. A cidade o mantinha no século XV, quando foi fundada a universidade, embora continuasse húngara. (*N. do T.*)

ou de outros lugares, formaram-se em Módena, em Reggio nell'Emilia, em Vicenza, em Arezzo, em Vercelli, em Sena, em Treviso. Em Nápoles, a universidade, fundada por Frederico II como uma máquina de guerra contra o papado, só teve momentos brilhantes sob o reinado desse monarca. Outras universidades tiveram importância apenas pelo apoio dos príncipes italianos, que desejavam fazer delas uma peça mestra de seus estados. A principal foi Pádua, fundada em 1222, que, a partir de 1404, torna-se universidade da república veneziana. Desde 1244, Inocêncio IV tinha fundado uma universidade na corte pontifícia. Os papas tentaram vivificá-la nos séculos XIV e XV, à medida que fortaleciam sua autoridade nos Estados da Igreja. Sena, que teve uma universidade desde 1246, refundou-a em 1357 por uma bula do imperador Carlos IV, depois em 1408, através de novos privilégios, desta vez concedidos pelo papa Gregório XII. Piacenza*, nominalmente fundada em 1248, foi reanimada por Giovanni [ou Gian] Galeazzo Visconti, em 1398, para se tornar o centro intelectual do estado milanês, papel que abandonou em 1412 para Pavia, cuja universidade tinha sido fundada desde 1361. Florença, entre 1349 e 1472, desempenhou um papel importante como principal centro humanista, mas, por essa época, Lourenço, o Magnífico, preferiu Pisa, cuja universidade existia desde 1343, como sede universitária para o estado florentino. A família Este** fez reviver, em 1430, uma universidade que tinha sido fundada em 1391, em Ferrara. O ducado de Piemonte teve a partir de 1405, em Turim, uma universidade que passou por instabilidades, e Afonso, o Mag-

---

*Há o aportuguesamento Placência, entretanto de ocorrência rara. Daí a preferência pela manutenção da forma italiana. (N. do T.)
**Família italiana que reinou sobre os ducados de Ferrara, Módena e Reggio, sobre o condado de Rovigo e outras terras, sobretudo nos séculos XIV, XV e XVI. (N. do T.)

nífico, rei de Aragão e da Sicília, fundou uma universidade em Catânia, em 1444, com a ajuda do papa Eugênio IV.

Exemplo, por fim, de tentativas de regionalismos universitários: a França. A par das de Paris, de Montpellier e de Orleãs, nascidas de centros escolares já consideráveis no século XII, ao lado da de Angers, cuja história é obscura, Toulouse tinha sido fundada em 1229, como se sabe, para combater a heresia albigense. Outras universidades, fundadas em grande parte em função dos acontecimentos militares, tiveram vida efêmera ou obscura. A de Avignon*, fundada por Bonifácio VIII em 1303, só prosperou durante o período em que a cidade foi sede papal. Cahors, fundada em 1332, durou pouco; Grenoble, fundada pelo delfim Humberto II, vegetou a partir de 1339; Orange, imperial, praticamente só teve sucesso de 1365 a 1475. Luís II, de Provença, atraiu à cidade de Aix a partir de 1409 os borguinhões, os provençais e os catalães, segundo a terminologia das nações em Montpellier. A universidade de Dole, fundada por Filipe, o Bom, duque de Borgonha, com a ajuda do papa Martinho V, desapareceu em 1481. Valence deve ao delfim, o futuro Luís XI, uma universidade que só permaneceu ativa para os estudo de direito, a partir de 1452. Tornando-se rei ele fundou uma universidade na sua cidade natal de Bourges, em 1464, enquanto o duque de Bretanha criava uma em Nantes, em 1460, que foi reanimada por Carlos VIII em 1498.

A divisão da França entre os ingleses e Carlos VII deu lugar ao nascimento de três universidades que viriam a prosperar: Caen (1432) e Bordeaux (1441)** do lado inglês, Poitiers

---

*Avinhão, na adaptação natural para o português, entretanto pouco utilizada no Brasil. (N. do T.)
**Caso semelhante a tantos outros, Bordeaux é sempre adaptado para Bordéus, em Portugal, mas no Brasil é muito mais comum que a cidade seja citada com seu nome francês. (N. do T.)

(1431) do lado francês. Montpellier sendo um caso à parte por causa de sua especialização médica, Paris ficou como o grande centro intelectual das terras francesas ou que viviam na órbita francesa.

Entretanto, essa multiplicação das universidades fazia com que desaparecesse, ou ao menos fosse reduzido, o recrutamento internacional das mais importantes, e de qualquer maneira deteriorava o sistema das nações, importante na própria estrutura interna das universidades, pois frequentemente era uma peça mestra dessa estrutura. Pearl Kibre traçou um quadro da extinção das nações universitárias no curso dos séculos XIV e XV[1].

Os universitários e a política

Esse processo se dá durante uma evolução de conjunto que no fim da Idade Média fez das grandes universidades potências políticas. Passaram elas a desempenhar um papel ativo, de primeiro plano, nas lutas entre estados, eram teatro de violentas crises provocando brigas entre as "nações" que abrigavam e, como fecho de tudo isso, integravam-se às novas estruturas nacionais dos estados. Evoquemos rapidamente essa evolução através do averroísmo político de Ockham e de Marsílio de Pádua, as crises de Praga e o papel político da Universidade de Paris.

George de Lagarde, numa série célebre de estudos sobre *"La naissance de l'esprit laïque au déclin du Moyen Âge"* ["Nascimento do espírito leigo no declínio da Idade Média"], analisou com penetração as teses e a atividade política de Guilherme de Ockham e de Marsílio de Pádua. Apesar das dife-

---
[1] *The nations in the medieval universities*, 1948.

renças que separam os dois, ambos desempenharam um papel importante junto do imperador Luís da Baviera, na primeira metade do século XIV, na luta comum contra o papado e suas pretensões temporais.

De sua atividade de polemistas e teóricos políticos emerge a obra-prima de Marsílio de Pádua, o *Defensor pacis* [*Defensor da paz*]. Marsílio tem facilidade para assimilar as tradições que o inspiram, além do espírito das comunas italianas: a tradição gibelina, a mais importante a lutar contra as aspirações pontifícias em relação ao domínio do temporal, o princípio da separação dos poderes espiritual e temporal e a reivindicação do poder temporal para o imperador. Filosoficamente, uma tradição averroísta que interpreta Aristóteles de um modo diferente em relação ao tomismo e que leva, no domínio da filosofia social, a um empirismo muito mal definido como *naturalismo*, na medida em que tende *a libertar a política da moral*, a deixar para trás as realidades objetivas profundas e ceder a vez às vontades individuais, a reduzir a *ordem* social a um equilíbrio mecânico, a substituir a *convenção* pela *natureza*. Acrescente-se a influência dos juristas e do clã Dubois-Nogaret que, em torno de Filipe, o Belo, já empreendia na virada do século XIII para o século XIV uma luta impiedosa contra o papado em defesa da monarquia nascente.

A conclusão é o Estado *completo*, é a afirmação da autonomia do Estado, fundada na separação do direito e da moral. A concepção positivista da vida social conduz ao direito divino da ordem estabelecida. *Se resistis à autoridade secular, mesmo que seus detentores sejam infiéis ou perversos, incorreis na danação eterna*... O Estado todo-poderoso reivindica todos os direitos na vida social cuja unidade é fortemente proclamada, tem o poder legislativo, executivo e jurídico. É universal: sobre um determinado território, ninguém pode escapar à autoridade do príncipe. Definitivamente, o Estado leigo não se contenta em rejeitar a Igreja no domínio espiritual, reclama para si mesmo uma missão espiritual, o direito de mandar também nesse domínio. Dissolve em definitivo toda discussão verdadeira entre o espiritual e o temporal: *Sem dúvida não está na alçada do legislador humano... criar ou suspender preceitos espirituais, não sendo estes mais do que as injunções ou as permissões do próprio Deus, mas é dever do legislador e do juiz humano conhecer de todos os atos lícitos ou ilícitos produtos das ações ou omissões dos homens, leigos ou sacerdotes, ministros ou seculares, tanto no que diz respeito às coisas espirituais quanto no que diz respeito às coisas temporais, com a condição, entretanto, de que não se trate de matéria estritamente espiritual...* Parece que estamos ouvindo Lutero: *Tudo aquilo que não é a vida da graça íntima, tudo aquilo que materializa a vida da Igreja é do mundo e cabe de direito ao Estado. Tudo aquilo que é execução da lei moral no século está fora da alçada da Igreja e cabe de direito ao Estado.*

Doutrina explosiva, que caminhará e estará presente nos pensamentos de resto tão diferentes como os de Maquiavel ou de Lutero, de Hobbes ou de Rousseau, de Hegel ou de Augusto Comte, de Lenin ou de Charles Maurras.

Mas o que distingue Ockham, e sobretudo Marsílio de Pádua, da tradição gibelina, é que definitivamente eles não sonham mais em reunir num único estado leigo imperial a humanidade toda, nem mesmo toda a Cristandade.

Tudo opõe — e aqui especialmente — Marsílio de Pádua a Dante, para o qual o imperador teria de ser, ao contrário, o restaurador da unidade fundamental. A política escolástica buscava estender a todos os homens a cidade de Aristóteles transformada em cidade cristã. A política marsiliana aceita a diversidade das nações e dos Estados. *O que se pergunta*, lê-se no *Defensor pacis*, *é se convém que todos os homens vivendo em um estado* civil *e espalhados por toda a superfície do globo terrestre devem dar-se um chefe supremo único ou se, ao contrário, será preferível que, nas diversas regiões, separadas por fronteiras geográficas, linguísticas ou morais, cada uma das comunidades particulares se dê determinado governo que lhe convém. Parece claro que esta segunda solução se impõe e que é preciso ver nela a influência de uma causa celeste, tendendo a limitar a propagação indefinida da espécie humana. Pode-se considerar, na verdade, que a natureza quer moderar essa propagação suscitando guerras ou epidemias e semeando dificuldades no caminho dos homens.*

O ockhamismo e o averroísmo políticos — se defendem uma tese extrema e muito além das condições do século XIV, mas que teve uma repercussão considerável — concordam numa tendência geral da reflexão intelectual aplicada ao exame da evolução política. Essa tendência aceita o fim da unidade, aqui também, submete-se à divisão, toma seu partido de fratura da cristandade. Adota o particularismo.

A PRIMEIRA UNIVERSIDADE NACIONAL: PRAGA

Chega a aceitar até mesmo o sentimento nacional. É o que ocorre em Praga. A Universidade foi fundada num meio convulsionado. Internacional como todas as Universidades, logo esteve na iminência de ser monopolizada pelos mestres e estudantes alemães, muito numerosos porque refluem de Paris no momento do Grande Cisma*. Eles se chocam com o ele-

---

*O chamado Grande Cisma do Ocidente é o período (séculos XIV e XV, mais precisamente, de 1378 a 1417) durante o qual houve sucessivos papas, simultaneamente, divididos entre Roma e Avignon. O leitor verá, no subtítulo que se segue, o relacionamento entre o Grande Cisma e a Universidade de Paris. (N. do T.)

mento tcheco cada vez mais consciente de sua originalidade e de suas aspirações. Essa oposição étnica duplica o problema com uma oposição corporativa: trata-se de saber se as *nações* dominadas pelos alemães derrotarão a *nação* tcheca, e qual será a divisão entre os diferentes grupos das cadeiras e das ocupações universitárias. Tudo isso se funde com uma oposição social: o elemento tcheco se apoia nas classes populares — camponeses e artesãos autóctones —, enquanto que os alemães lá instalados representam principalmente a riqueza burguesa das cidades, a maioria da nobreza e do clero.

Bastou que um representante de classe, João Hus, com o apoio de seus amigos, se valesse de uma doutrina filosófica e teológica (com ampla base nos oxfordianos e sobretudo em Wyclif), soubesse fazer a ligação entre o meio universitário e os meios populares de Praga e da Boêmia, entusiasmasse com sua eloquência e sua paixão seus ouvintes, e exercesse sobre o frágil rei da Boêmia, Venceslau IV, uma pressão eficiente, para que o conflito explodisse e fosse resolvido em benefício dos tchecos, pelo decreto real de Kutna Hora*, de 1409. Enquanto a maioria das *nações* agora está do lado dos tchecos, todos os membros da Universidade devem, de agora em diante, prestar juramento de fidelidade à coroa da Boêmia. Os alemães deixam a Universidade de Praga e vão fundar a de Leipzig. É uma data na história medieval; nasce uma universidade nacional; o mundo intelectual adapta-se aos moldes políticos.

O caminho que conduziu à integração da Universidade de Paris à monarquia nacional estava cortado por complicados atalhos.

---

*Pequena cidade da Boêmia que servia de residência aos reis. (N. *do T.*)

Paris: grandezas e fraquezas da política universitária

Com a partida de muitos ingleses durante a Guerra dos Cem Anos e de numerosos alemães por causa do Grande Cisma, a Universidade de Paris já tendia a tornar-se francesa em seu recrutamento. Desde, pelo menos, o reinado de Filipe, o Belo, ela desempenhava um papel político de primeiro plano. Carlos V irá chamá-la de *filha mais velha do Rei*. Ela é oficialmente representada nos concílios nacionais da Igreja na França e nas assembleias dos Estados Gerais. Sua mediação será solicitada no momento da luta entre Etienne Marcel e os parisienses e a Corte, quando da insurgência dos Maillotins*; ela será signatária do tratado de Troyes**.

O prestígio da Universidade de Paris é imenso, graças aos seus membros efetivamente estudantes ou docentes e todos os antigos mestres que ocupavam pela França inteira e no estrangeiro os postos mais importantes e mantinham com ela ligações estreitas.

---

*O anúncio da cobrança de novas taxas sobe as vendas no comércio de Paris, em janeiro de 1382, depois da promessa (novembro de 1380) de abolição dos impostos indiretos, provocou violenta agitação. A multidão apoderou-se de pequenos martelos de chumbo (*maillotins*, diminutivo de *maillet*) armazenados na prefeitura e partiu em busca dos coletores de impostos, começando por invadir o Tribunal de Justiça. Só foi contida pela intervenção dos burgueses, sob a liderança do advogado-geral Jean Desmarets. (*N. do T.*)

**Tratado assinado pelos reis de França (Carlos VI) e Inglaterra (Henrique V), em 1420, pelo qual se perpetuava uma união entre as coroas dos dois países. Por ele, Carlos VI guarda o seu título vitalício de rei, mas o poder seria exercido por Henrique V e pelo duque de Borgonha. O delfim pulverizará a força desse tratado em 1429, fazendo-se coroar em Reims sob o nome de Carlos VII, depois da libertação, nesse mesmo ano, de Orleãs por Joana d'Arc, que devolveu o orgulho aos franceses. Completará seu trabalho assinando o tratado franco-borguinhão em 1435. Mas, como se sabe, os reis ingleses teriam o título de Rei de França até 1802, extinto nesse ano pelo tratado de Amiens. (*N. do T.*)

Entretanto, ela permanece ligada ao papado, ainda mais que os papas de Avignon, todos franceses, a favorecem consideravelmente. Dedicam-se a ela através de atos generosos cada vez mais importantes. Por essa época, é enviado à Corte de Avignon a cada ano um *rotulus nominandorum* [rolo de nomeações], lista contendo os nomes dos mestres para os quais a Universidade pede ao papa que dê provisões ou conceda graças na expectativa de benefícios eclesiásticos. Se ela é *a filha mais velha do rei de França*, é também a *primeira escola da Igreja* e desempenha um papel internacional de árbitro em matéria teológica.

Mas o Cisma perturba o equilíbrio da Igreja. Se a Universidade opta primeiro pelo papa de Avignon, depois, cansada das cobranças rigorosas do papado, preocupada em restabelecer a unidade da Igreja, decide-se a abandonar — momentaneamente — sua ligação com o rei de França e reclama incansavelmente a instalação de um concílio que pusesse fim ao cisma pela abdicação dos pontífices rivais. Tornou-se, com isso, a grande cabeça do concílio sobre o papa — e de uma independência relativa da igreja nacional francesa em relação à Santa Sé, isto é, do galicanismo. Mas, se a atuação no concílio lhe valeu um grande prestígio na Cristandade, o galicanismo tendia a afastá-la do papado para situá-la sob a influência crescente da monarquia.

O sucesso da Universidade de Paris parece, afinal, se afirmar. O concílio de Constança, no qual ela desempenha um papel de líder, como que consagrou seu triunfo. Observaram-se, entretanto, curiosas atitudes no concílio por parte de alguns universitários. Como muito bem mostrou E.F. Jacob[1], os universitários ingleses, contra toda expectativa, apoiaram o papado na colação de benefícios. Pensavam em seus interesses, definitivamente mais bem servidos assim.

---

[1]*Bulletin of the John Rylands Library*, 1946.

Mas o concílio de Basileia, onde aliás eles desempenharam um papel que teve importância apenas momentânea, terminou com uma derrota deles e vitória do papado. Na ocasião, porém, uma grave crise — esta, francesa — abalou sensivelmente a posição da Universidade de Paris.

As crises do reinado de Carlos VI culminaram com a revolução cabochiana* em Paris, depois com a partilha do país entre ingleses e franceses, Paris sendo a capital do rei inglês. Sem dúvida, a Universidade não aderiu de imediato, nem inteiramente, ao partido borguinhão. O duque se sustentava com o apoio das ordens mendicantes, às quais a Universidade tradicionalmente fazia oposição. A Universidade tinha condenado e perseguia Jean Petit, o apologista do assassinato do duque de Orleãs. No momento da conquista inglesa, muitos mestres deixaram Paris, reuniram-se em torno do delfim, formaram a base administrativa do reino de Bourges, povoaram a nova Universidade de Poitiers.

Mas, os que ficaram em Paris, depois de ter aderido aos borguinhões, submeteram-se às vontades inglesas. O mais famoso episódio desse período *inglês* da Universidade de Paris é a ação que ela empreendeu contra Joana d'Arc. Manifestando-lhe sua hostilidade — apesar de Gerson —, não fazia mais do que agradar a seu patrão estrangeiro. Seguia também a opinião popular, muito hostil à Donzela, como o testemu-

---

*Os cabochianos ou cabochinos (*cabochiens*) constituíam a facção mais radical do partido borguinhão, na época de Carlos VI e da grande disputa entre borguinhões e *armagnacs*. O chefe do partido era Simon Caboche, magarefe dos matadouros de Paris. João Sem Medo, o duque de Borgonha, tentou se aproveitar dessa força popular. A Universidade, como a burguesia parisiense, cerrou fileiras ao lado dos borguinhões, mas acabou por se apavorar com a demagogia desencadeada e com as agitações de abril e maio de 1413. Seguiu-se então uma ordenação cabochiana sustando o impulso revolucionário: uma satisfação que o partido borguinhão quis dar à burguesia parisiense. E logo as forças dos *armagnacs* voltaram a Paris, de onde João Sem Medo se retirou. (*N. do T.*)

nha, entre outros, o *Bourgeois de Paris**. A Universidade mostrava também a que ponto esses intelectuais cheios de si eram incapazes de abandonar sua arrogância de sábios diante da gloriosa ingenuidade, da cândida ignorância de Joana. Sabe-se que a Universidade conduziu o processo contra a Donzela e anunciou sua condenação ao rei da Inglaterra com uma satisfação que nem sequer tentou disfarçar.

As cinzas da fogueira de Rouen tinham enxovalhado o prestígio da Universidade. Também, depois da reconquista de Paris, Carlos VII e em seguida Luís XI mostraram sua desconfiança em relação a essa "colaboradora" que, entretanto, era a base de sua política galicana e apoiava vigorosamente a Sanção Pragmática**.

Em 1437 o rei retira seu privilégio fiscal e a força a contribuir para as *ajudas* instituídas pela reconquista de Montereau***. Em 1445 seu privilégio judiciário, por sua vez, também lhe é retirado e ela fica submetida ao Parlamento. O rei apoia a reorganização operada pelo cardeal d'Estouteville,

---

*Cronista anônimo do século XV, esse *Bourgeois de Paris* (Burguês de Paris) era provavelmente um homem da Igreja. Partidário ardoroso dos borguinhões, apoiou Carlos VII depois do tratado de Arras (1435). Seu *Diário*, publicado de 1405 a 1449, é hoje fonte essencial para o estudo da vida pública e privada em Paris na primeira metade do século XV, por oferecer um quadro muito seguro dessa fase. (*N. do T.*)
**Na história francesa alguns documentos importantes se chamaram Sanção Pragmática (*Pragmatique Sanction*). Aqui o autor se refere à promulgada por Carlos VII em 1438, pela qual o rei dava um grande impulso ao galicanismo, isto é, a um sentido de independência (nunca totalmente atingida) da Igreja na França em relação ao papado. Em função de um conflito com os feudatários, Luís XI, que também apoiava o galicanismo, aboliu a Sanção Pragmática em 1461, mas voltou a reforçar a política galicanista do reino com novas ordenações, a partir de 1463 e 1464. (*N. do T.*)
***Pequena cidade na confluência dos rios Yonne e Sena. Foi sobre a ponte de Montereau que João Sem Medo foi assassinado por Tanneguy Duchâtel, em 1419. Em 1420 a cidadezinha foi ocupada pelos ingleses, mas os franceses a retomaram em 1437. (*N. do T.*)

legado pontifício, em 1452. Em 1470, Luís XI impõe aos mestres e estudantes partidários dos borguinhões que lhe prestem juramento de obediência. Em 1499, por fim, a Universidade perde o direito de greve. Agora ela está nas mãos do rei.

Com todas essas lutas, onde foi parar o espírito do ensino? Seguiu uma dupla evolução, que permite entender melhor as relações entre escolástica e humanismo, matizar a oposição entre uma coisa e outra; e compreender a passagem de uma para outra, nesse revezamento da chama intelectual.

A ESCLEROSE DA ESCOLÁSTICA

A escolástica de um lado se estiola, apesar dos interessantes esforços de renovação, apesar das obras elaboradas por um Nicolas de Cues preocupado em conciliar a tradição com as novas necessidades. Aliás, ela continua a dilacerar-se a si mesma. De um lado, os *antigos*, que são agora os aristotélicos e os tomistas, ofegantes, raciocinadores excessivamente sutis. De outro, os *modernos*, unidos sob o escudo do nominalismo gerado por Ockham. Mas estão fechados no estudo da lógica formal, nas elucubrações sem fim sobre a definição das palavras, nas divisões e subdivisões artificiais, no *terminismo*. Os *antigos* obtêm de Luís XI, em 1474, a proibição do ensinamento e dos livros dos *modernos*, por um edito que entra em vigor a partir de 1481. Os mais ativos são talvez os *scotistas*, que tentam em vão conciliar um criticismo mais e mais verbal com um voluntarismo fideísta sempre mais nebuloso. Serão as vítimas favoritas dos ataques de Erasmo e de Rabelais que descarregarão sua ironia e seus sarcasmos sobre os *scotistas* protótipos dos escolásticos. Rabelais, aliás, enfiará a todos no mesmo saco no catálogo burlesco que o jovem Pantagruel folheia na biblioteca de Saint-Victor. De cambulhada, entrega como pasto e expõe à galhofa Thomas Bricot, *mui engenhoso intérprete dos nominalistas*, Pierre Tateret, cabeça do scotismo parisiense depois de 1490, Peter Crockart, renovador do ensino do tomismo, Noël Bédier, Jean Mair (Major), Jacques Almain, ockhamistas notórios.

Também é desse verbalismo que zomba Villon, cujo ouvido vadio, mais que qualquer outro, só se interessava, nos cursos da Sorbonne, pelo som cavernoso das palavras.

> *Finablement, en escrivant*
> *Ce soir, seullet, estant en bonne,*
> *Dictant ces lays et descrivant,*
> *J'oys la cloche de Sorbonne*
> *Qui tousiours a neuf heures sonne*
> *Le salut que l'ange predit;*
> *Si suspendy et y mis bonne*
> *Pour pryer comme le cueur dit.*
>
> *Ce faisant, je m'entr'oublié*
> *Non pas par force de vin boire,*
> *Mon esperit comme lié;*
> *Lors je sentis dame Memoire*
> *Reprendre et mettre en son aulmoire*
> *Ses especes colateralles,*
> *Oppinative faulse et voire,*
> *Et autres intelectualles.*
>
> *Et mesmement l'estimative,*
> *Par quoy prospective nous vient,*
> *Similative, formative,*
> *Desquels bien souvent il advient*
> *Que, par leur trouble, homme devient*
> *Fol et lunatique par moys;*

Je l'ai leu, se bien m'en souvient,
En Aristote aucune fois*.

É sobretudo esta escolástica depravada, caricatural, moribunda que os humanistas rejeitaram.

OS UNIVERSITÁRIOS SE ABREM AO HUMANISMO

Por um outro lado, entretanto, o ensino universitário se abria a essas novas qualidades. Em primeiro lugar nas universidades italianas, onde a escolástica não tinha as mesmas tradições que em Paris ou em Oxford, onde a tradição das literaturas antigas tinha sido mais preservada e despertou antes com a renovação romana, onde o refluxo da ciência bizantina diante da ameaça turca garantia o ressurgimento do helenismo. Em Bolonha, Pietro Muglio ensina retórica de 1371 a 1382, Coluccio Salutati nisso se consumiu. O grego é ensinado lá desde 1424 e Filelfo conseguiu atrair para a nova matéria uma parte dos estudantes inicialmente indiferentes. Sobretudo, de 1450 a 1455, o célebre cardeal Bes-

---

*Escrevendo, finalmente,/Esta noite, estando bem,/Ditando esses legados e descrevendo,/Ouvi o sino da Sorbonne/Que sempre bate às nove horas/A saudação que o anjo anunciou;/Assim interrompi e então bem me dispus/A rezar como pede o coração.//Agindo dessa maneira, deixei de ter/E não foi por beber vinho,/Meu espírito ligado;/Então senti a senhora Memória/Retomar para si/Suas espécies colaterais,/Até mesmo falsidades,/E outras coisas relativas à inteligência.//E igualmente a estimativa,/Pela qual nos vem a prospectiva,/Similativa, formativa,/Das quais frequentemente se dá/Que, pela perturbação, o homem se torna/Louco e lunático durante meses;/Li isso, se bem me lembro,/Alguma vez em Aristóteles. [Tradução livre: se é impossível traduzir poesia ao pé da letra, muito menos poesia em linguagem arcaica e nesse tom irônico.] (*N. do T.*)

sarion, na qualidade de governador da cidade, reorganiza a Universidade para o papa e o reitor. O ensino das *humanidades* (*studia humanitatis*) nunca mais foi interrompido em Bolonha.

A Universidade de Pádua talvez tenha sido mais precoce ainda e no século XV sua anexação pela Universidade de Veneza desenvolveu lá brilhantemente o estudo do grego, com o qual ficará maravilhado Aldo Manuzio. Depois Guarino, Filelfo, Vittorino da Feltre, bizantinos refugiados, continuam a tradição com Demetrius Chalcondilas [ou Chalcocondila] e Marco Musurus. Em Pádua, mais ainda do que em Bolonha, a influência de Bessarion foi profunda.

Os senhorios nascentes favorecem essas correntes. Em Florença, ao lado da famosa Academia Platônica, a Universidade, com Ambrósio, o Camaldulense, Aurispa, Guarino, Filelfo, explica Cícero e Terêncio, Luciano, Píndaro, Demóstenes, Plotino, Procus, Fílon, Estrabão. Quando Lourenço, o Magnífico, transporta a Universidade de Florença para Pisa, em 1472, criam-se imediatamente cadeiras de poesia, eloquência, matemática e astronomia. Os Visconti, depois os Sforza, fazem o mesmo em Pavia, cujas relações com a França serão tão estreitas no século XV e durante as guerras da Itália. Em Ferrara, a família Este segue essa política e chama como professor e reitor um dos maiores helenistas do tempo, Teodoro Gaza. Na *Sapienza*, de Roma, o mesmo fervor pelas letras clássicas. Lá ensinam Filelfo, Enoche de Ascoli, Argirópulos, Teodoro Gaza.

Mas Oxford e Paris não são impermeáveis ao humanismo, nem Praga, onde um círculo humanista refinado, sensível às influências italianas — de Petrarca a Cola di Rienzo —, forma-se no meio do século XIV em torno de Carlos IV e da nova Universidade. No início do século XIV, Nicholas Trivet, que ensinou em Oxford, em Londres e Paris, comentava as

*Declamações**, de Sêneca, o Velho, e as tragédias de Sêneca, o Jovem, e de Tito Lívio. Incentivou muito o espírito do humanismo em Oxford a doação (de 1439 a 1443) à Universidade, pelo duque Humphrey de Gloucester, de sua biblioteca, rica em clássicos gregos e latinos e em italianos. Oxford preparava-se para as lições de Linacre, de Grocyn, de Colet, de Tomás More [ou Morus]. E esperava Erasmo.

A primeira geração dos humanistas franceses, com Jean de Montreuil, Nicolas de Clamanges, Gontier Col, Guillaume Fillastre, tem ligações com a Universidade de Paris. É como humanista que, numa carta a Guillaume Fillastre, Jean de Montreuil louva o chanceler Gerson: ...*Na medida em que, segundo a fama, nada lhe escapa na órbita do saber, e conheço numerosas indicações quanto a isso, muito me espanta que você não siga a trajetória do ilustre chanceler de Paris, homem de uma excepcional cultura. Não desejo falar da vida nem dos hábitos dele, nem mesmo da sabedoria quanto à religião cristã e a teologia teórica, nas quais vocês ambos alcançaram tanta distinção e altura. Quero falar da arte de contar e de persuadir que repousa sobretudo nas regras da retórica e da eloquência graças às quais se pode chegar a tal arte, e sem as quais a expressão, que me parece ser o objetivo da cultura, está condenada a ser ineficaz, vazia e oca...* O teólogo Guillaume Fichet, introdutor, em 1470, da arte da impressão no Colégio da

---

*As duas obras que Sêneca deixou são *Suasoriae* (*Persuasivos* ou *Deliberativos*, subentendendo-se *Discursos*) e *Controvérsias* (os manuscritos desta não trazem título em latim). As *Declamações* a que se refere o original francês serão provavelmente uma indicação de que se trata de discursos, pois as duas obras de Sêneca são realmente apenas coletâneas de sua oratória. O autor é tratado nas histórias da literatura latina em língua portuguesa, de um modo geral, como Sêneca, o Retórico, enquanto o outro Sêneca, o filósofo estoico e autor de tragédias (que conspirou contra Nero e recebeu do imperador a ordem de se suicidar), filho do primeiro, é conhecido como Sêneca, simplesmente, sem aposto. (*N. do T.*)

Sorbonne, é um amigo de Bessarion, que tenta conciliar sua admiração por Petrarca com o respeito à tradição tomista e deseja a ressurreição do platonismo. Robert Gaguin, decano da Faculdade de Direito canônico, agrupa em torno de si humanistas entusiastas de Petrarca, mantém relação estreita com os florentinos. Se Erasmo, contrariado com a disciplina bárbara que Jean Standonck impunha no Colégio de Montaigu, em Paris, guarda de sua passagem pela Universidade apenas desprezo pela escolástica decadente que lá se ensina, Jacques Lefèvre d'Étaples, mestre em artes, professor do colégio Cardinal-Lemoine, introduz em Paris uma das mais belas formas de humanismo, sobre a qual há necessidade de reler as belas páginas de Augustin Renaudet.

Disso tudo, o que se pode tirar é que, se o humanismo criticava basicamente uma escolástica esclerosada, e se os universitários às vezes se deixavam arrastar pelo humanismo, existe oposição profunda entre o intelectual medieval e o humanista do Renascimento.

A VOLTA À POESIA E À MÍSTICA

O humanista é profundamente anti-intelectualista. É mais literário do que científico, mais fideísta do que racionalista. Ao binômio dialética-escolástica, propõe como substituto o binômio filologia-retórica. Com o humanista, Platão, desconsiderado como filósofo aos olhos de Alberto Magno, por sua língua e seu estilo, retoma sua importância e, por ser poeta, é considerado o *Supremo Filósofo*.

Lefèvre d'Étaples, embora responsável por uma admirável edição da *Ética a Nicômaco*, de Aristóteles, inclina-se mais para os poetas e os místicos. Seu ideal é o do conhecimento contemplativo. É ele o responsável pela publicação dos *Livros*

Herméticos — na tradução de Marsilio Ficino —, pelas obras do Pseudo-Dionísio, as contemplações do franciscano Raymond Lull, os místicos Richard de Saint-Victor, Santa Hildegarda de Bingen, Ruysbroeck, e afinal esse Nicolas de Cues, que se tornara o apóstolo da *Douta Ignorância*.

O próprio Lorenzo della Valla, esse filólogo rigoroso, o mais severo dos humanistas do *Quattrocento*, pregando na igreja dos dominicanos de Roma, no dia 7 de março de 1457 em honra de Santo Tomás de Aquino, declara restringir-se ao seu método: *Muitos estão convencidos de que é possível tornar-se teólogo sem conhecer os preceitos da dialética, da metafísica e de toda a filosofia. Que dizer? Temeria eu externar todo meu pensamento? Louvo em Santo Tomás a extrema sutileza da expressão, admiro sua diligência, fico espantado diante da riqueza, da variedade, da perfeição de sua doutrina... Mas não admiro tanto a pretensa metafísica, os conhecimentos que são um fardo pesado. Melhor ignorá-los, pois eles impedem de conhecer coisas melhores.* A verdadeira teologia para ele — como para Lefèvre d'Étaples — está em São Paulo, que não se expressa através de *filosofia vazia e enganadora (per philosophiam et inanem fallaciam)*.

A filosofia deve cobrir-se por trás das dobras da retórica e da poesia. Sua forma perfeita é o diálogo platônico.

Uma querela reveladora opôs, na primeira metade do século XV, um escolástico e um humanista em torno da tradução de Aristóteles.

EM TORNO DE ARISTÓTELES: A VOLTA À LINGUAGEM BONITA

Leonardo Bruni tinha publicado em Florença uma nova tradução da *Ética a Nicômaco* de Aristóteles. Esse trabalho se impunha, dizia ele, porque o antigo tradutor, Robert Grosseteste (e não, como se supunha, Guillaume de Moerbeke), trabalhando para Santo Tomás, conhecia mal o grego e o latim, cometendo erros e escrevendo uma língua bárbara.

O cardeal Alonso García, de Cartagena, bispo de Burgos e professor na Universidade de Salamanca, replicou-lhe asperamente.

O debate, já se viu, é entre forma e fundo. Para os humanistas, a forma é tudo. Para os escolásticos, a forma está ali apenas para servir ao pensamento.

Minha resposta, diz Alonso García, *é que Leonardo, se mostrou suficiente eloquência, deu prova de pouca cultura filosófica*. E mostrava as traições ao pensamento aristotélico cometidas pelo humanista na busca de belas frases, assumindo a defesa do antigo tradutor, cujo desígnio explica: *Ele não apenas traduziu os livros de Aristóteles do grego para o latim, mas interpretou com a verdade possível, e a maior elegância ou os mais belos ornamentos não lhe teriam saído mal se os quisesse usar... Mas o antigo intérprete, que se restringia mais à verdade filosófica, não quis o excesso de ornamentos para evitar os erros nos quais o novo tradutor caiu. Ele via com clareza, de fato, que a língua latina não podia aspirar à mesma riqueza de expressão que a grega.*

E quer dar ao humanista uma lição de filologia histórica: *A língua latina sempre se abriu a empréstimos não apenas dos gregos mas dos povos bárbaros e de todos os povos da Terra. E até mais tarde o latim se enriqueceu com palavras gaulesas e germânicas. Não é lição mais sábia, quando há um equivalente vulgar conciso e exato, adotá-lo, em vez de recorrer a longos circunlóquios em linguagem clássica?*

A mesma réplica por parte do escolástico Jean Mair condena as ironias dos *erasmianos* e dos *fabristas** contra o que

---

*Do nome latino de Lefèvre d'Étaples: *Fabri* ou *Faber Stapulensis*. (N. do T.)

eles chamam de barbárie dos góticos: *A ciência não tem necessidade de linguagem bonita*, diz Mair.

Sem dúvida o latim escolástico morria e não exprimia mais do que uma única ciência, ela própria fóssil. As línguas vulgares às quais o futuro se abria conquistariam sua dignidade e haverá humanistas para ajudá-las nisso. Mas o latim humanista fez definitivamente do latim uma língua morta. Ele arrastava consigo para a ciência a única linguagem internacional que ela conseguia manter fora dos algarismos e das fórmulas. Fazia dessa linguagem o tesouro desusado de uma *elite*.

O HUMANISTA ARISTOCRATA

Porque o humanista é um aristocrata. Se o intelectual da Idade Média, afinal, traiu sua vocação de trabalhar cientificamente, fez isso renegando sua natureza. O humanista, sem dificuldade, assume o espírito, o gênio para ensinar, ainda que empalideça sobre os textos ou que sua eloquência lhe custe grande esforço. Ele escreve para os iniciados. Quando Erasmo publicou os *Adágios*, seus amigos lhe disseram: *Você revela nossos mistérios!*

Sim, o meio no qual nasce o humanista é bem diferente do canteiro urbano febril, aberto a todos, preocupado em fazer progredir lado a lado todas as técnicas e de ligá-las numa economia comum, no qual o intelectual medieval se formou.

O meio do humanista é o grupo, a *Academia* fechada e, quando o verdadeiro humanista conquista Paris, não ensina na Universidade, mas nesta instituição para uma elite: o *Collège des lecteurs royaux* (Colégios dos Leitores Reais), futuro Collège de France.

Seu meio é a corte do príncipe. No próprio fogo da querela filológica que o opôs a Leonardo Bruni, Alonso García parece ter tido o pressentimento: *A "urbanidade" designa para você essa "humanidade" que tanto pelas palavras como pelos gestos vai adiante das honras. São designados pelo termo "urbanos" aqueles que adquiriram o hábito de dobrar o joelho, de baixar o capuz, de recusar a precedência e os primeiros lugares mesmo entre iguais. Mas a esses, a esses chamamos "curiais" ou, se essa palavra lhe desagrada, porque tem um outro sentido em direito civil, e se tu me permites* o uso da linguagem vulgar, nós os chamamos de "cortesãos", e à urbanidade chamamos "curialidade" ou, para empregar uma palavra da linguagem cavaleirosa, chamamo-la "cortesia".* Baltasar [ou Baldassarre] Castiglione, menos de um século depois, resumiria o ideal social dos humanistas em *Il cortegiano* — *O cortesão*.

A etimologia aqui tem todo o sentido. Do mundo da cidade (*urbs*) passa-se ao mundo da corte. Diferentes intelectualmente, socialmente os humanistas estão ainda mais distantes dos intelectuais medievais.

Desde o início, o meio dos humanistas é a proteção dos grandes, a classe dos funcionários, a riqueza material. Gontier Col é recebedor de benefícios na França e na Normandia (onde ele trafica com Carlos de Navarra), secretário do duque de Berry. Notário, depois secretário do rei, geral para as finanças dos benefícios, um dos dois tesoureiros do rei, encarregado de missões e de embaixadas. Odiado pelo povo, vê as dependências de sua hospedagem parisiense pilhada pelos cabochianos. Filho de burgueses ricos, o que lhe permitiu ir arrastando seus estudos, aproveitou-se de seus mecenas e de seus cargos para aumentar consideravelmente sua fortuna.

---

*É de notar-se a mudança brusca de tratamento no mesmo texto — e no mesmo parágrafo: no exato momento em que pede licença para usar a linguagem vulgar Alonso García passa a valer-se do tratamento "tu", o que não deixa de ser significativo. (*N. do T.*)

Tornando-se nobre, veio a ser beneficiário das rendas de muitas casas em Sens, teve o senhorio de Paron com o cultivo de um vinhedo, uma hospedaria em Paris, na rua Vieille-du-Temple. Levou vida intensa, com vasta criadagem, tapeçarias, cavalos, cachorros, falcões, foi apaixonado por jogo. Tudo isso não o impede de louvar, à maneira dos antigos, a *sancta simplicitas*. Fazia parte da *Cour Amoureuse* [Corte Amorosa]* de Carlos VI, presidida pelos duques de Borgonha e de Bourbon.

Jean de Montreuil acumula protetores e cargos, é secretário do rei, do Delfim, dos duques de Berri [sic], de Borgonha e de Orleãs, gosta de fazer valer sua influência junto daqueles com os quais se relaciona (*Tu que preferes*, dizem-lhe com espírito bajulador, *usar teu crédito na corte mais para os amigos do que mesmo para ti*). Acumula ao mesmo tempo as prebendas eclesiásticas. Se permanece celibatário, é por puro egoísmo:

> *Tu nos trataste de modo especial, Senhor, aleluia!*
> *Tu nos livraste do jugo do casamento, aleluia!*

Numa carta ao cardeal Amedeo de Saluzzo, ele declara *ter sido atendido até a saciedade*. Tem *uma multidão de livros, provisões para um ano, muitas casas, roupas, cavalos, objetos de arte até o supérfluo. É celibatário, tem amigos incomparáveis;* entre os quais cria intriga para obter um gordo benefício.

Ao príncipe está reservada a vida civil. Os humanistas o servem frequentemente, mas sempre deixam a ele a direção

---

*Do século XII ao século XV os reis de França mantiveram uma Corte de Amor, reuniões mundanas nas quais se cultivava o espírito cavaleiroso e cortesão no que tinha de mais fútil e interesseiro. Em meio a debates, como indicam as obras literárias da época, as damas da corte, que tinham influência poderosa nos negócios de galanteria e de casuística amorosa, decidiam nesses casos como em verdadeiros tribunais. (N. do T.)

da sociedade. Trabalham no silêncio. Enganam que trabalham. Do lazer é que se gabam, da ociosidade preenchida com as belas-letras, o *otium* da aristocracia antiga. *Não se envergonhe por essa ilustre e gloriosa ociosidade, com a qual sempre se deleitaram os grandes espíritos*, escreve Nicolas de Clamanges a Jean de Montreuil.

A VOLTA AO CAMPO

Esse lazer educado e estudioso, onde achá-lo melhor do que no campo? Aqui se completa o movimento que tira o intelectual das cidades e o faz refluir rumo ao campo. Há nisso, ainda, um acordo perfeito com a evolução econômica e social. Burgueses enriquecidos e príncipes investem seus capitais na terra, fazem construir casas de campo ou palácios, modestos ou luxuosos segundo sua fortuna. A Academia Neoplatônica de Florença se reunia na casa de campo dos Medicis em Careggi.

Jean de Montreuil, Nicolas de Clamanges, Gontier Col são todos donos de casas de campo nas quais se retiram para o lazer humanista. Jean de Montreuil louva a calma da abadia de Châlis e Nicolas de Clamanges a tranquilidade do priorado de Fontaine-au-Bois. Nesses lugares retirados, buscavam o *homem interior* de que falava São Bernardo, mas com Cícero e Horácio. *Fugindo da pompa das cortes e do tumulto das cidades, morarás no campo, amarás a solidão*, diz Jean de Montreuil.

E eis o início do *Banquete religioso* de Erasmo:

EUSÉBIO — *Agora que tudo é verdejante e risonho nos campos, admiro-me de que haja pessoas que se deleitem com a fumaça das cidades.*

TIMÓTEO — *Nem todos são sensíveis ao aspecto das flores ou dos prados verdejantes, ou com as fontes e riachos, ou, se são sensíveis, preferem outra coisa. Uma volúpia substitui a outra, como um prego entra no lugar de um outro prego.*

EUSÉBIO — *Você quer sem dúvida falar dos especuladores ou desses comerciantes cúpidos semelhantes a eles.*

TIMÓTEO — *É verdade, mas eles não são os únicos, meu caro, e penso na multidão inumerável dos outros, até os padres e os monges que, sem dúvida por amor ao ganho, preferem viver nas cidades e nas mais populosas, não seguindo nisso a opinião de Pitágoras ou de Platão, mas de certo mendigo cego ao qual era agradável ser imprensado pelas multidões humanas, porque, dizia ele, onde há mundo* (populus) *há o que ganhar.*

EUSÉBIO — *O que disse Sócrates só tem valor se você caminha sozinho nos campos. Ainda que, na minha opinião, a natureza não seja muda: ela fala por todos os lados e oferece numerosos ensinamentos a quem a contempla, quando se dirige ao homem atento e dócil. Quem mais poderia estar sempre a proclamar essa face tão doce da natureza primaveril senão a sabedoria do Artesão Divino, igual à sua bondade? Mas Sócrates, nesse retiro, não ensina muito a seu Fedro, e também não aprende muito com ele?*

TIMÓTEO — *Se às vezes encontramos semelhantes, não haveria nada mais agradável do que uma temporada no campo.*

EUSÉBIO — *Você quer correr esse risco? Tenho uma pequena propriedade nas redondezas, não grande, mas agradavelmente cultivada; convido-o para jantar amanhã.*

TIMÓTEO — *Somos muitos; não caberemos em sua propriedade.*

EUSÉBIO — *Ora, se isso importa! Todo o banquete será campestre, como diz Horácio, um festim que não compramos. O vinho é do próprio lugar; a horta e o pomar nos darão melões, melancias, figos, peras, maçãs, nozes, como nas Ilhas Venturosas, a crer em Luciano. Poder-se-á acrescentar talvez um frango do galinheiro.*

TIMÓTEO — *Muito bem, aceitamos.*

A RUPTURA ENTRE A
CIÊNCIA E O ENSINO

Assim os humanistas abandonam uma das obrigações capitais do intelectual, o contato com a massa, a ligação entre a ciência e o ensino. Sem dúvida o Renascimento, a longo prazo, dará à humanidade a colheita de um trabalho orgulhoso e solitário. Sua ciência, suas ideias, suas obras-primas alimentarão mais tarde o progresso humano. Mas o Renascimento, em primeiro lugar, volta-se para si mesmo, é um afastamento. Até a invenção da imprensa a difusão do pensamento sempre se amplia. A imprensa inicialmente talvez favoreça — antes de expandir por toda parte a cultura escrita — um encolhimento da difusão do pensamento. Os que sabem ler — uma pequena elite de favorecidos — são plenamente atendidos. Os outros deixam de ser alimentados com as migalhas da escolástica que lhes levavam os pregadores e os artistas da Idade Média, todos formados pelas Universidades. Será preciso, talvez, esperar a Contra-Reforma para que a impressão venha a liberar-se como uma arte, sob uma forma possivelmente contestável mas carregada de intenções didáticas e apostólicas, que permita a participação do povo na vida cultural.

Nada é mais chocante do que o contraste entre as imagens que representam trabalhando o intelectual da Idade Média e o humanista.

Um é um professor, colhido em sua atividade de ensinar, cercado pelas bancadas em que se espreme o auditório. O outro é um erudito solitário, em seu gabinete tranquilo, à vontade no meio do cômodo espaçoso e suntuoso no qual passeiam livremente seus pensamentos. De um lado, o tumulto das escolas, a poeira das salas de aula, a indiferença quanto ao cenário do trabalho coletivo,

> Do outro, tudo é ordem, formosura,
> É luxo, é calma, e é volúpia pura.

Ensaio bibliográfico

Os trabalhos mais importantes estão marcados com um*

I. O CLIMA INTELECTUAL E CULTURAL DA IDADE MÉDIA

* F. Alessio, "Il pensiero dell'occidente feudale", em Vegetti, Alessio, Fabietti, Papi, *Filosofie e Società*, I, Bolonha, Zanichelli, 1975, pp. 345-547. (Notável esforço para situar de um modo novo o pensamento medieval na sociedade.)

Arts libéraux et philosophie au Moyen Âge. Actes du 4e. Congrès international de philosophie médiévale, Montréal, 1967, Paris-Montreal, Vrin, 1969. (Da Antiguidade às Universidades medievais.)

* J.W. Baldwin, *The Scholastic Culture of the Middle Ages 1000-1300*, Lexington (Mass.), 1971. (Excelente resumo da ciência escolástica numa perspectiva cultural ampla.)

G. Beaujouan, *La Science antique et médiévale. Histoire générale des sciences*, ed. R. Taton, t. I, Paris, PUF, 1957.

S. Cilento, *Medioevo monastico e scolastico*, Milão, 1961. (Contraste ou continuidade?)

* *The Cultural Context of Medieval Learning*, Proceedings of the 1st International Colloquium on Philosophy, Science and Theology in the M.A., setembro de 1973, ed. J.E. Murdoch e E.D. Sylla, Dordrecht-Boston, Boston Studies in the Philosophy of Science, 1975, vol. XXVI.

Culture et travail intellectuel dans l'Occident médiéval, Bilan des Colloques d'humanisme médiéval (1960-1980) fondés par le R.P. Hubert, O.P., ed. G. Hasenohr e J. Longère, Paris, CNRS, 1981.

* E.R. Curtius, *La Littérature européenne et le Moyen Âge latin*, trad. fr., Paris, PUF, 1956. (Um clássico, muito "literário".)

Ph. Delhaye, *La Philosophie chrétienne au Moyen Âge*, Paris, 1959.

* O. Dobiache-Rojdesventsky, *La Poésie des goliards*, Paris, 1981. (Por causa dos textos.)

A. Forest, F. van Steenberghen, M. de Gandillac, *Le Mouvement doctrinal du IXe au XIVe siècle*, em *Histoire de l'Église*, vol. XIII, Paris, Bloud et Gay, 1956.

E. Gilson, *L'Esprit de la philosophie médiévale*, Paris, Vrin, colóquio "Études de philosophie médiévale", 1978, n. 33, 4ª ed. (Um monumento envelhecido.)

* H. Grundmann, "Litteratus-illitteratus die Wandlung einer Bildungsnorm vom Altertum zum Mittelalter", *Archiv für Kulturgeschichte*, 40, 1958, pp. 1-65. (O latim, pedra de toque da grande divisão sociocultural na Idade Média.)

A. Hughes, *Medieval Music: The Sixth Liberal Art*, Toronto, 1974.

* E. Jeauneau, *La Philosophie médiévale*, Paris, PUF, col. "Que sais-je?", n. 1044, 1976, 3ª ed.

B. Lacroix, *L'Historien au Moyen Âge*, Montreal-Paris, 1971. (Um especialista.)

A. de Libera, *Penser au Moyen Âge*, Paris, Seuil, 1991. (Reflexões críticas interessantes sobre o presente ensaio.)

* H. de Lubac, *L'Exégèse médiévale. Les quatre sens de l'Écriture*, 4 vol., Paris, Aubier, 1959-1961. (O método fundamental.)

G. Makdisi, "The Scholastic Method in Medieval Education: an Inquiry into its Origins in Law and Theology", *Speculum*, n. 4, 1974, pp. 640-661. (A escolástica vista do Islã.)

* A. Murray, *Reason and Society in the Middle Ages*, Oxford, Clarendon Press, 1978. (Um brilhante ensaio sobre o cálculo e a razão na virada do séc. XII para o séc. XIII.)

* E. Panofsky, *Architecture gothique et pensée scolastique*, trad. fr., Paris, Ed. de Minuit, 1967, posfácio de P. Bourdieu. (As estruturas racionais eruditas na arte e no pensamento do séc. XIII.)

* J. Paul, *Histoire intellectuelle de l'Occident médiéval*, Paris, Armand Colin, col. "U", 1973. (Bases sólidas, amplos horizontes.)

* P. Renucci, *L'Aventure de l'humanisme européen au Moyen Âge*, Paris, Les Belles Lettres, 1953.

* P. Saenger, "Silent Reading: its Impact on Late Medieval Script and Society", *Viator*, 1982, pp. 367-414. (Da cultura monástica oral à cultura escolástica visual.)

B. Smalley, *The Study of the Bible in the Middle Ages*, Oxford, 1952. (A base de toda reflexão na Idade Média.)

* J. Stiennon, *Paléographie du Moyen Âge*, Paris, A. Colin, 1973. (O fenômeno cultural da escrita.)

L. Thorndike, "Elementary and Secondary Education in the Middle Ages", *Speculum*, n. 15, 1940, pp. 400-408.

* P. Vignaux, *Philosophie au Moyen Âge*, nova edição, Paris, A. Colin, 1958.

J. Verger, "Tendances actuelles de la recherche sur l'histoire de l'éducation en France au Moyen Âge (XIIe-XVe siècles)", *Histoire de l'Éducation*, n. 6, abril de 1980, pp. 9-33.

* H. Waddell, *The Wandering Scholars*, Londres, 1934, 7ª ed. (O clássico sobre os goliardos.)

J.A. Weisheipl, "Classification of the Sciences in Medieval Thought", *Mediaeval Studies*, 1965, t. 27.

M. de Wulf, *Histoire de la philosophie médiévale*, 1934-1935, 6ª ed., 2 vol.

II. O TRABALHO INTELECTUAL NA IDADE MÉDIA ANTES DAS UNIVERSIDADES

* F. Alessio, "La filosofia e le 'artes mechanicae' nell secolo XII", *Studi medievali*, 3ª série, 6º ano, 1965, fascículo 1, pp. 71-161. (Homens de ofício: filósofos e artesãos.)

* J.W. Baldwin, *Masters, Princes and Merchants. The Social Views of Peter the Chanter and his Circle*, Princeton, Princeton University Press, 1970, 2 vol. (Primórdio escolástico e sociedade na grande efervescência parisiense do fim do séc. XII.)

* R.L. Benson, G. Constable ed., *Renaissance and Renewal in the XIIth Century*, Cambridge (Mass.), 1982. (Mais atualizado em relação aos últimos estudos do que o Gandillac-Jeauneau: *Entretiens*...)

   B. Bischoff, *Mittelalterliche Studien*, Stuttgart, 1966-1967, 2 vol. (Com destaque para o Renascimento carolíngio.)

* P. Classen, "Die hohen Schulen und die Gesellschaft im 12. Jahrhundert", *Archiv für Kulturgeschichte*, 1966, XLVIII. (Excelente história sociointelectual.)

* M.D. Chenu, *La Théologie au XIIe siècle*, Paris, Vrin, col. "Études de philosophie médiévale", n. 45, 3ª ed., 1976. (Um grande clássico sempre esclarecedor.)

   M.D. Chenu, "Civilisation urbaine et théologie; l'École de Saint-Victor au XIIe siècle", *Annales ESC*, n. 29, Paris, 1974.

   Ph. Delhaye, "L'Organisation scolaire au XIIe siècle", *Traditio*, n. 5, Nova York, Cosmopolitan Science and Art Service, 1947. (Sempre notável.)

* *Entretiens sur la Renaissance du XIIe siècle*, Ed. M. de Gandillac e E. Jeauneau, 1968.

   R. Foreville, "L'École de Caen au XIe siècle et les origines normandes de l'université d'Oxford", *Études médiévales offertes à M. Le Doyen* Paris, A. Flèche, 1952.

   U. Gualazzini, *Ricerche sulle scuole preuniversitarie del Medio Evo. Contributo di indagini sul sorgere delle università*, Milão, 1943.

N.M. Häring, "Chartres and Paris Revisited", *Essays in Honour of Anton Charles Pegis*, Toronto, Pontifical Institute of Mediaeval Studies, 1974. (A escola de Chartres [séc. XII] existiu?)

D. Illmer, *Erziehung und Wissensvermittlung im frühen Mittelalter. Ein Beitrag zur Eutstehungsgeschichte der Schule*, Kastellaun, Heun, 1970.

E. Jeauneau, *Nani sulle spalle di giganti*, col. "Gli opuscoli", n. 3, Nápoles, 1969. ("Mãos sobre os ombros de gigantes": a modernidade do séc. XII.)

P.O. Kristeller, "The School of Salerno. Its Development and its Contribution to the History of Learning", Bull. Hist. Medicine, XVII, 1945; reproduzido em: Kristeller, *Studies in Renaissance Thought and Letters*, Roma, 1956.

A.M. Landgraf, *Introduction à l'histoire de la littérature théologique de la scolastique naissante*, ed. fr. por A.M. Landry, Montreal-Paris, 1973.

* E. Lesne, *Histoire de la propriété ecclésiastique en France, t. V: Les écoles de la fin du huitième à la fin du douzième siècle*, Lille, 1940. (Sempre fundamental.)

J. Longère, *Oeuvres oratoires de maîtres parisiens au XIIe siècle: Étude historique et doctrinale*, Paris, Études augustiniennes, 1975, 2 vol.

H.C. MacKinney, *Bishop Fulbert and Education at the School of Chartres*, University of Notre Dame (Indiana, EUA), 1957.

G. Post, "Alexander III, The 'Licentia Docendi' and the Rise of Universities", *Anniversary Essays in Medieval History by the students of C.H. Haskins*, Boston-Nova York, 1929, pp. 255-277.

* *La Renaissance du XIIe siècle: les écoles et l'enseignement*, G. Paret, A. Brunet et P. Tremblay, Paris, Vrin, 1933. (Um clássico ultrapassado mas sempre jovem.)

P. Riché. *Écoles et enseignement dans le Hout Moyen Âge*, Paris, Aubier, 1979. (Síntese e bibliografia.)

* P. Riché, "Recherches sur l'instruction des laïcs du IXe au XIIe siècle", *Cahiers de civilisation médiévale*, 1962.

* G. Santini, *Università e società nell XII seculo: Pillio da Medicina e lo Studio di Modena*, Módena, 1974.

La scuola nell'Occidente latino dell'alto Medioevo. Settimane di studio del centro italiano di studi sull'alto Medioevo, XIX, Spoleto, 1972.

G. Théry, *Tolède, ville de la renaissance médiévale, point de jonction entre la philosophie musulmane et la pensée chrétienne*, Orã (Argélia), 1944.

O. Weijers, "Terminologie des universités naissantes. Étude sur le vocabulaire utilisé par l'institution nouvelle", *Soziale Ordnungen im Selbstverständnis des Mittelalters, em Miscellanea Medievalia*, n. 12, Berlim-Nova York, W. de Gruyter, 2 vol., 1979-1980.

E. Werner, *Stsdtluft macht frei. Frühscholastik und bürgerliche Emanzipation in der ersten Hälfe des 12. Jahrhunderts*, Berlim, Akademie Verlag, 1976. (Um ponto de vista marxista sobre a relação cidade-escolástica.)

* P. Wolff, *Histoire de la pensée européenne*, t. I: *Éveil intellectuel de l'Europe*, Paris, Seuil, col. "Points Histoire", 1971.

III. GENERALIDADES SOBRE AS UNIVERSIDADES MEDIEVAIS

1. Bibliografias

* S. Stelling-Michaud, "L'Histoire des Universités au Moyen Âge et à la Renaissance au cours des vingt-cinq dernières années", *Rapports du XIe Congrès international des sciences historiques*, Estocolmo, I, 1960. (Bibliografia comentada.)

Bibliographie internationale de l'histoire des Universités. I. Espagne, Louvain-Copenhague-Prague, estudos e documentos publicados pela seção de História da Faculdade de Letras da Universidade de Genebra, t. 9, Genebra, Droz, 1973.

A.L. Gabriel, *Summary Bibliography of the History of the Universities of Great Britain and Ireland up to 1800*, University of Notre Dame (Indiana, EUA), 1974.

S. Guénée, *Bibliographie d'histoire des Universités françaises des origines à la Révolution*, t. I: *Généralités et Université de Paris*, Paris, Picard, 1981; t. II: *D'Aix-en-Provence à Valence et Académies protestantes*, Paris, Picard, 1978.

2. Estudos de conjunto

* H. Rashdall, *The Universities of Europe in the Middle Ages*, Oxford University Press, Powicke e Emden, nova ed., 1936, 3 vol. (Sempre fundamental.)

S. d'Irsay, *Histoire des universités françaises et étrangères des origines à nos jours*, t. I: *Le Moyen Âge et la Renaissance*, Paris, Picard, 1933.

* J. Verger, *Les Universités du Moyen Âge*, Paris, PUF, col. "SUP", 1973. (Melhor síntese junto com a de Cobban.)

* A.B. Cobban, *The Medieval Universities: their Development and Organization*, Londres, 1975. (Melhor síntese junto com a de Verger.)

H. Wieruszowski, *The Medieval University*, Princeton, Van Nostrand Anvil Original, 1966. (Textos bem escolhidos traduzidos em inglês.)

3. Gênese da universidade medieval

H. Denifle, *Die Entstehung der Universitäten des Mittelalters bis 1400*, Berlim, 1885. (Envelhecido, mas clássico.)

* C.H. Haskins, *The Rise of Universities*, Ithaca (Nova York), Cornell Great Seal Books, 1957-1962. (Envelhecido — a 1ª edição é de 1923, mas clássico e inteligente.)

H. Grundmann, *Vom Ursprung der Universität im Mittelalter*, Berlim, Akademie-Verlag, 1957. (Clássico do ponto de vista das instituições e da cultura.)

* *Le origini dell'Università*, ed. G. Arnaldi, Bolonha, Mulino, 1974. (Excelente introdução e escolha de artigos.)

* J. Verger, "Des écoles à l'Université: la mutation institutionelle", *La France de Philippe Auguste*, Paris, CNRS, 1982, pp. 817-846.

4. Documentação e aspectos gerais

J. Verger, "Studia et Universités", *Le Scuole degli ordini mendicanti*, Todi (Itália), 1978, pp. 173-203.

G. Ermini, "Concetto di Studium generale", *Scritti di diritto comune*, ed. D. Segoloni, Università degli Studi di Perugia, *Annali della Facoltà di Gruisprudenza*, Nuova Serie, n. 4, 1976.

* H. Grundmann, "Sacerdotium-Regnum-Studium. Zur Wertung der Wissenschaft im 13 Jahrhundert", *Archiv für Kulturgeschichte*, 34, 1951. (As bases teóricas do poder universitário.)

J. Monfrin e M.H. de Pommerol, "Les archives des Universités médiévales: problèmes de documentation", *Revue Française de Pédagogie*, n. 27, abril-junho de 1974, pp. 6-21.

M. Fournier, *Les Statuts et privilèges des Universités françaises depuis leur fondation jusqu'en 1789*, Paris, 1890-1891, 2 vol.

M.H. Julien de Pommerol, *Sources de l'histoire des Universités françaises au Moyen Âge. Université d'Orleans, Répertoire*, Paris, INRP, 1978.

A.L. Gabriel, *Garlandia. Studies in the History of the Mediaeval University*, Frankfurt-sobre-o-Meno, J. Knecht, 1969.

* P. Classen, "Zur Bedeutung der mittelalterlichen Universitäten", *Mittelalterforschung*, Berlim, Colloquium Verlag, 1981, pp. 115-123. (Esclarecedor.)

J. Le Goff, "Quelle conscience l'Université médiévale a-t-elle eu d'elle-même?", em *Miscellanea Mediaevalia*, Berlim, 1964, pp. 15-29. Repetido em *Pour un autre Moyen Âge*, Paris, Gallimard, 1977, pp. 181-197.

* P. Michaud-Quantin, *Universitas. Expressions du mouvement communautaire dans le Moyen Âge latin*, Paris, Vrin, 1970.

J. Verger, "Université et communauté au Moyen Âge", *CRE-Information*, n. 62, 2°. trimestre de 1983, pp. 21-44.

A.L. Gabriel, "The Ideal Master of the Mediaeval University", The *Catholic Historical Review*, n. 1, vol. LX, University of Notre Dame (Indiana, EUA), abril de 1974.

G. Post, K. Giocarinis, R. Kay, "The Medieval Heritage of a Humanistic Ideal: 'Scientia donum dei est, unde vendi non potest'", *Traditio*, n. 11, 1955.

5. *Para uma comparação com as outras culturas e sociedades*

G. Makdisi, "Madrasa and University in the Middle Ages", *Studia Islamica*, 1970, pp. 255-264.

G. Makdisi, D. Sourdel et J. Sourdel-Thomine ed., "L'enseignement en Islam et en Occident au Moyen Âge", Colloques internationaux de La Napoule 1, *Revue des Études Islamiques,* n. 44, Paris, 1977.

G. Vajda, *Introduction à la pensée juive du Moyen Âge*, Paris, 1947.

Ph. Sherrard, *The Greek East and the Latin West. A Study in the Christian Tradition*, Londres, 1959.

E. Balazs, *La Bureaucratie céleste,* Paris, Gallimard, 1968.

J. Needham, *Clerks and Craftsmen in China and the West*, Cambridge University Press, 1970.

M.T. South, *Li Ho, a Scholar Official of the Yuan-ho Period (806-821),* Leiden (Holanda), Brill, 1959.

F. Châtelet, ed., *La Philosophie médiévale du Ier siècle au XVe siècle*, Paris, Hachette, 1972. (Antiguidade, helenismo, Islã, China, Ocidente latino.)

IV. UNIVERSIDADES E UNIVERSITÁRIOS, SOBRETUDO NO SÉCULO XIII

Academici e Irregolari, Nápoles, Giannini, 1979. (Goliardos e universitários.)

C.M. Ajo G. y Sáinz de Zúñiga, *Historia de las universidades hispánicas. Orígenes y desarrollo desde su aparición hasta nuestros dias, I: Medievo y Renacimiento universitario*, Madri, 1957.

G. Arnaldi, "Il notaio-cronista e la cronache cittadine in Italia", *La storia del diritto nel quadro delle scienze storiche. Atti del I*[e] *congresso internazionale della Società Italiana di Storia del Diritto*, Florença, 1966, pp. 293-309.

G. Arnaldi, "Le origini dello Studio di Padova. Dalla migrazione universitaria del 1222 alla fine del periodo ezzeliniano", *La Cultura*, n. 4, 1977, pp. 388-431.

* T.H. Aston, "Oxford's Medieval Alumni", *Past and Present*, n. 74, fevereiro de 1977.

* T.H. Aston, "The Medieval Alumni of the University of Cambridge", *Past and Present*, n. 86, fevereiro de 1980, pp. 9-86.

* J.W. Baldwin, "'Studium et Regnum', The Penetration of University Personnel into French and English Administration at the turn of the twelfth and thirteenth Centuries", *Revue des Études Islamiques*, n. 44: *l'Enseignement en Islam et en Occident au Moyen Âge,* 1976. (Universitários "orgânicos".)

* J.W. Baldwin, "Masters at Paris from 1179 to 1215. A social perspective", *Renaissance and Renewal in the XIII*[th] *Century*, Harvard University Press, Benson and Constable ed., Cambridge (Mass.), 1982.

G. Barone, "Università e escuole degli ordini mendicanti: Parigi alla metà del XIII secolo", *Il concetto di "sapientia" in San Bonaventura e San Tommaso*, ed. A. Musco, Palermo, Enchiridion, 1983.

L.J. Bataillon, O.P., "Les crises de l'Université de Paris d'après les sermons universitaires", em *Miscellanea Mediaevalia*, n. 10, Berlim-Nova York, de Gruyter, 1976.

* L.J. Bataillon, "Les conditions de travail des maîtres de l'Université de Paris au XIIIe siècle", *Revue des sciences philosophiques et théologiques*, n. 67, 1983, pp. 353-370.

G. Beaujouan, "Motives and Opportunities for Science in the Medieval Universities", *Scientific Change,* ed. A.C. Combie, Londres, 1963.

G. Beaujouan, *Manuscrits scientifiques médiévaux de l'Université de Salamanque*, Bordeaux, Féret, 1962.

M. Bellomo, "Legere, repetere, disputare. Introduzione ad una ricerca sulle 'quaestiones' civilistiche", *Aspetti dell'insegnamento giuridico nelle università medievali. Le "quaestiones disputatae"*, Reggio Calabria, Cultura giuridico dell'età medioevale e moderna, I, 1974.

M. Bellomo, *Società e istituzioni in Italia tra Medioevo ed età moderna*, Catânia, Giannotta, 1977.

M. Bellomo, *Saggio sull'università nell'età del diritto comune*, Catânia, Ed. Giannotta, 1979.

V. Beltrán de Heredia, "Los orígenes de la Universidad de Salamanca", *Acta Salamanticensia, Historia de la Universidad*, t. I, 1953, 1.

D. Berg, *Armut und Wissenschaft: Beiträge zur Geschichte des Studienwesens der Bettelorden im 13 Jahrhundert,* Dusseldorf, 1977.

A.E. Bernstein, "Magisterium and license: Corporative Autonomy against Papal Authority in the Medieval University of Paris", *Viator*, n. 9, 1978, pp. 291-307.

L. Boehm, "Crise des Universités médiévales à la fin du XIIIe siècle", *Secundum Regulam vivere, Festschrift für P. Norbert Backmund*, Windberg, G. Melville ed., 1978.

G.C. Boyce, *The English German Nation in the University of Paris during the Middle Ages*, Bruges, 1927.

V.L. Bullough, *The Development of Medicine as a Profession*, Nova York, 1966.

A. Callebant, "Le Sermon historique d'Eudes de Châteauroux à Paris, le 18 Mars 1229. Autour de l'origine de la grève universitaire et de l'enseignement des mendiants", *Archivum Franciscanum Historicum*, 28, 1935, pp. 81-114.

G. Cencetti, "La laurea nelle università medioevali", *Atti del convegno per la storia delle università italiane*, Bolonha, 1940.

* P. Classen, "Zur Geschichte der 'Akademischen Freiheit', vornehmlich im Mittelater", *Historische Zeitschrift*, 232, pp. 529-553. (Liberdade e privilégios.)

* A.B. Cobban, "Medieval Student Power", *Past and Present*, n. 53, 1971, pp. 28-66. (O poder do estudante.)

* A.B. Cobban, "The Medieval Cambridge Colleges: a Quantitative Study of Higher Degrees to circa 1500", *History of Education*, n. IX, 1980.

G.M. Colombas, "Jalons pour une histoire de l'Université de Salamanque", *Revue d'Histoire Ecclésiastique*, LV, 2-3, Louvain, 1960.

Y. Congar, "Aspects ecclésiologiques de la querelle entre mendiants et séculiers dans la seconde moitié du XIIIe et le début du XIVe siècle", *Archives d'histoire doctrinale et littéraire du Moyen Âge*, 28, Paris, 1961, pp. 35-151.

Y. Congar, "In dulcedine societatis quaerere veritatem" (Notes sur le travail en équipe chez saint Albert et chez les prêcheurs, au XIIIe siècle), *Albertus Magnus, Doctor universalis*, 1280-1980, Mogúncia, Matthias-Grünewald Verlag, 1980.

P. Dautrey, "Croissance et adaptation chez les Cisterciens au treizième siècle. Les débuts du Collège des Bernardins de Paris", *Analecta Cisterciensia*, fascículos 1-2, Roma, Ed. Cistercienses, 1976, janeiro-dezembro.

J. Dauvillier, "Origine et histoire des costumes universitaires français", *Annales de la faculté de droit de Toulouse*, vol. VI, Toulouse, 1958.

M.M. Davy, "La situation juridique des étudiantes de l'Université de Paris au XIIIe siècle", *Revue d'Histoire de l'Église de France*, n. 17, 1931, pp. 297-311.

* J. Destrez, *La pecia dans les manuscrits universitaires du XIIIe et XIVe siècle*, Paris, 1935.

* A.B. Emden, *A Bibliographical Register of the University of Oxford to A.D. 1500*, Oxford, 1957-1959, 3 vol.

* A.B. Emden, *A Bibliographical Register of the University of Cambridge to 1500*, Cambridge, 1963.

G. Ermini, *Storia dell'Università di Perugia*, Florença, 1971, vol. I.

A. d'Esneval, "Images de la vie universitaire parisienne dans l'oeuvre d'Etienne Langton (vers 1150-1228)", *Bulletin de la société d'histoire de Paris et de l'Île-de-France*, fasc. 103-104, 1976-1977, pp. 35-48.

G. Fasoli, *Per la Storia dell'Università di Bologna nel Medio Evo*, Bolonha, 1970.

M. Fournier, "Les bibliothèques des collèges de l'Université de Toulouse. Étude sur les moyens de travail mis à la disposition des étudiants au Moyen Âge", *Bibliothèque de l'École des Chartes*, n. 51, 1890, pp. 443-476.

J. Fried, *Die Entstehung des Juristenstandes im 12 Jahrhundert. Zur sozialen Stellung und politischen Bedeutung gelehrter Juristen in Bologna und Modena*, Colônia-Viena, Max I.Plank Institut für europäische Rechtsgeschichte, 1974.

* A.L. Gabriel ed., "The Economic and Material Frame of the Mediaeval Universities", *Texts and Studies in the History of Mediaeval Education*, n. 15, University of Notre Dame (Indiana, EUA), 1977. (As bases econômicas das universidades.)

A.L. Gabriel, "The Source of the Anedocte of the Inconstant Scholar", Classica e Mediaevalia, vol. XIX, Copenhague, 1958. (Um *exemplum* estudante.)

P. Glorieux, "L'enseignement au Moyen Âge. Techniques et méthodes en usage à la faculté de théologie de Paris au XIIIe siècle", *Archives d'histoire doctrinale et littéraire du Moyen Âge*, n. 35, Paris, Vrin, 1968, p. 65 s.

* P. Glorieux, *Aux origines de la Sorbonne*, t. 1: *Robert de Sorbon*; t. 2: *Le Cartulaire*, Paris, Vrin, 1965-1966.

* P. Glorieux, *La Faculté des arts et ses maîtres au XIIIe siècle*, Paris, Vrin, 1933-1934, 2 vol.

* P. Glorieux, *Répertoire des maîtres en théologie de Paris au XIIIe siècle*, Paris, Vrin, 1933-1934, 2 vol.

A. Gouron, "Le rôle social des juristes dans les villes méridionales au Moyen Âge", *Villes de l'Europe méditerranéenne et de l'Europe occidentale du Moyen Âge au XIX*e *siècle*, em *Annales de la faculté des lettres et des sciences humaines de Nice*, n. 9-10, 1969, pp. 55-67.

* A. Grabois, "La genèse du 'quartier Latin' ", *Studies in History*, vol. XXIII, Jerusalém, D. Asheri e I. Schatzman ed., col. "Scripta hierosolymitana", 1972. (A topografia universitária parisiense.)

I. Hajnal, *L'Enseignement de l'écriture aux Universités médiévales*, Budapeste, Academia das Ciências da Hungria, 2ª ed., 1959.

C.H. Haskins, "The Life of Medieval Students as illustrated by their Letters"; "The University of Paris in the Sermons of the 13th Century"; "Manuals for Students", *Studies in Medieval Culture*, Nova York, 1929, pp. 1-91.

The History of the University of Oxford, I. *The Early Oxford Schools*, ed. J.I. Cutton, Oxford University Press, 1983.

Ch. Jourdain, "La taxe des logements dans l'Université de Paris", *Excursions historiques et philosophiques à travers le Moyen Âge*, Paris, 1888.

* P. Kibre, *The Nations in the Medieval Universities*, Cambridge (Mass.), 1948. (Estruturas "nacionais" de uma instituição internacional.)

* P. Kibre, *Scholary Privileges in the Middle Ages. The rights, privileges and immunities of scholars and universities at Bologna, Padua, Paris and Oxford*, Londres, 1962. (Os privilégios universitários.)

* G. Le Bras, "Velut splendor firmamenti: le docteur dans le droit de l'Église médiévale", *Mélanges offerts à Etienne Gilson*, Toronto-Paris, 1959.

G. Left, *Paris and Oxford Universities in the thirteenth and fourteenth Centuries*, Nova York, John Wiley and Sons, Inc., 1968.

* J. Le Goff, "Les universités et les pouvoirs publics au Moyen Âge et à la Renaissance", *XII Congresso Internacional das Ciências Históricas*, Viena, 1965, Relatórios, III, republicado em J. Le Goff, *Pour un autre Moyen Âge*, Paris, Gallimard, 1977.

J. Le Goff, "Alle origini del lavoro intellettuale in Italia. I problemi del rapporto fra la letteratura, l'università e le professioni", *Letteratura italiana*, ed. A. Asor Rosa, I, *Il Letterato e le Istituzioni*, Turim, Einaudi, 1982, pp. 649-679.

A. Maier, "Un manuale per gli studenti di diritto di Bologna del secolo XIII-XIV", *L'Archiginnasio*, XLIV-XLV, 1949-1950; reimpressão: Maier, *Ausgehendes Mittelalter*, II, Roma, 1967.

P. Michaud-Quantin, "Le droit universitaire dans le conflit parisien de 1252-1257", *Studia Grabiana*, VIII, 1962.

P. Michaud-Quantin, "Le droit universitaire au XIIIe siècle", *Septième Centenaire de la mort de Saint Louis*, Paris, Les Belles Lettres, 1976, pp. 303-313.

J. Miethke, "Der Zugriff der Kirchlichen Hierarchie auf die mittelalterliche Universität. Die institutionellen Formen der Kontrolle über die universitäre Lehrentwicklung im 12 bis 14 Jh. (aus Beispiel von Paris)", *The Church in a Changing Society, Conflicts, Reconciliation or Adjustement?*, em *Kyrkohistorisk Arskrift*, 1977, (Upsala, 1978), pp. 197-202.

G.M. Monti, "L'età angioina", *Storia dell'Università di Napoli*, Nápoles, 1924.

* G. Post, "Masters' Salaries and Student Fees in the Medieval Universities", *Speculum*, n. 7, 1932, pp. 181-190.

* M.M. MacLaughlin, *Intellectual Freedom and its Limitations in the University of Paris in the XIIIth and XIVth Centuries*, Nova York, Arno Press, 1977.

* S. Menache, "La naissance d'une nouvelle source d'autorité: l'Université de Paris", *Revue Historique*, n. 268, 1982, pp. 305-327. (Papel político e teológico da universidade de Paris na virada do século XIII para o século XIV.)

G. Ortalli, "Notariato e storiografia in Bologna nei secoli XIII-XVI", *Studi storici sul notariato italiano III/2. Notariato medievale bolognese.* Consiglio Nazionale del Notariato, Roma, 1977.

L.J. Paetow, *The Arts Course at Medieval Universities with Special reference to Grammar and Rethoric*, Champaign (III.), 1910.

* J. Paquet, "Coût des études, pauvreté et labeur: fonctions et métiers d'étudiants au Moyen Âge", *History of University*, n. 2, 1982, pp. 15-52.

J. Paquet, "L'immatriculation des étudiants dans les universités médiévales", *Pascua Mediaevalia*, Louvain, Presses Universitaires de Louvain, 1983.

P. Pollard, "The Pecia System in the Medieval universities", *Medieval Scribes Manuscripts and Librairies. Essays presented to N.R. Ker*, Londres Scholar Press, 1978, pp. 145-161. (Aceleração da produção dos manuscritos.)

* G. Post, "Parisian Masters as a Corporation, 1200-1246", *Speculum*, n. 9, 1934, pp. 421-445; republicado em *Studies in Medieval Legal Thought: Public Law and the State, 1100-1322*, Princeton, 1964, pp. 27-60. (Um artigo fundamental sobre o "ofício" universitário.)

E.M. Powicke, "Bologna, Paris, Oxford: Three Studia generalia"; "Some Problems in the History of the Medieval University"; "The Medieval University in Church and Society"; "Oxford", *Ways of Medieval Life and Thought*, Londres, Odham Press, s.d. (1950).

* C. Renardy, *Le Monde des maîtres universitaires du diocèse de Liège, 1140-1350, Recherches sur sa compositon et ses activités*, Paris, Les Belles Lettres, 1979.

* C. Renardy, *Les Maîtres universitaires dans le diocèse de Liège — Répertoire biographique (1140-1350)*, Paris, Les Belles Lettres, 1981.

* C. Ricci, *Monumenti sepolcrali di lettori delle Studio bolognese, nei secoli XIII, XIV e XV*, Bolonha, 1888. (A glória funerária.)

E. Rigoni, "Il tribunale degli scolari dell'Università di Padova nel medioevo", *Atti mem. Acc. patavina*, número de série LIX, 1942-1943.

G. Ritter, *Die Heidelberger Universität*, Heidelberg, 1936, vol. I.

G. Rossini, "La professione notarile nella società veronese dal comune alla signoria", *Economica e Storia*, fasc. 1, 1971.

R.H. Rouse, "The Early Library of the Sorbonne", *Scriptorium*, n. 21, 1967, pp. 42-71 e pp. 227-251.

* K. Rückbrod, *Universität und Kollegium Baugeschichte und Bautyp*, Darmstadt, Wissenschaftliche Buchgesellschaft, 1977. (A universidade intramuros.)

G. Santini, "Giuristi collaboratori di Frederico II. Piano di lavoro per una ricerca d'équipe", *Atti della Terze Giornate Federiciane (oria, 26-27, octobre 1974)*, Bari, Società di storia patria per la Puglia, Convegni, 1977, VII.

B. Schwarz, "Das Notariat in Bologna im 13 Jahrhundert", *Quellen und Forschungen aus italienischen Archiven und Bibliotheken*, n. 53, 1973, pp. 49-92.

N.G. Siraisi, *Arts and Sciences at Padua. The Studium of Padua before 1350*, Toronto, 1973.

Le Scuole degli ordini mendicanti (sec. XIII-XIV), Todi (Itália), Centro di Studi sulla spiritualità medievale, 1978.

J. Shatzmiller, "Une expérience universitaire méconue: le Studium de Manosque, 1247-1249", *Provence historique*, fasc. 98, Marselha, s.d.

C.E. Smith, *The University of Toulouse in the Middle Ages*, Milwaukee (Wisconsin, EUA), 1959.

A. Sorbelli, *Storia delle Universitá di Bologna*, Bolonha, 1944.

* *Stadt und Universität im Mittelalter und in der frühen Neuzeit*, ed. E. Mardike e J. Sydov, Sigmaringen (Alemanha), Thorbecke, 1977. (O lugar da universidade com a cidade.)

W. Steffen, *Die Studentische Autonomie im mittelalterlichen Bologna. Eine Untersuchung über die Stellung der Studenten und ihrer Universität gegenüber Professoren und Stadtregierung im 13-14 Jahrhundert*, Berna, Frankfurt-sobre-o-Meno, Las Vegas, Lang, 1981.

* S. Stelling-Michaud, "La Suisse et les Universités européennes de 1225 à 1600. Essai d'une statistique de fréquentation", *Revue Universitaire suisse*, XII, 1938.

* S. Stelling-Michaud, *L'Université de Bologne et la pénétration des droits romain et canonique en Suisse aux XIIIe et XIVe siècles*, col. "Travaux d'humanisme et Renaissance", Genebra, Droz, 1955.

S. Stelling-Michaud, "La nation de Bourgogne à l'université de Bologne du XIIIe au XIVe siècle", *Mém. soc. droit des pays bourguignons,* Dijon, faculté de droit, 1956.

S. Stelling-Michaud, "Les juristes suisses à Bologne" (1225-1330), *Travaux d'humanisme et Renaissance*, Genebra, 1960, t. 38.

C.H. Talbot, "The English Cistercians and the Universities", *Los monjes y los estudios*, Poblet (Espanha), 1983.

L. Thorndike, *University Records and Life in the Middle Ages*, Nova York, Columbia University Press, 1949.

P. Torelli, "Comune e Università", *Scritti di storia del diritto italiano*, Milão, 1959.

Università e società nei secoli XII-XVI, Colóquio de Pistóia (Itália), 1979. Ver *Quaderni Medievali,* n. 9, 1980, pp. 179-186.

Les Universités du Languedoc au treizième siècle, Cahiers de Fanjeaux V, Toulouse, Privat, 1970.

* D.E.R. Watt, *A Biographical Dictionary of Scottish Graduates to A.D. 1410*, Oxford, Nova York, 1977.

J.A. Weisheipol, "Curriculum of the Faculty of Arts at Oxford in the Early XIVth Century", *Medieval Studies*, n. 26, 1964, pp. 154-156 e pp. 177-181.

H. Wieruszowski, "Arezzo as a Center of Learning and Letters in the thirteenth Century", *Traditio*, IX, 1953, pp. 321-391. (Um centro universitário efêmero.)

E. Ypma, *La Formation des professeurs chez les ermites de saint Augustin (1259-1354),* Paris, Centre d'études des Augustins, s.d. (1956).

G. Zaccagnini, *La vita dei maestri e degli scolari nelle studio di Bologna nei secoli XIII e XIV,* Gênova, 1926.

V. PROBLEMAS E DEBATES INTELECTUAIS DO SÉCULO XIII

Die Auseinandersetzungen an der Pariser Universität im 13 Jahrhundert, ed. A. Zimmermann, em *Miscellanea Medievalia,* n. 10, Berlim-Nova York, W. de Gruyer, 1976.

A. Borst, *Geschichte an mittelalterlichen Universitäten,* Constança (Alemanha), 1969. (A história, ciência não universitária.)

* M.D. Chenu, *La Théologie comme science au XIIIe siècle,* Paris, Vrin, col. "Bibliothèque thomiste", n. 33, 1969, 3ª. ed. (A evolução decisiva da teologia.)

M.M. Davy, "Les sermons universitaires parisiens de 1230-1231. Contribution à l'histoire de la prédication médiévale", *Études de philosophie médiévale,* n. 15, Paris, 1931.

H.F. Dondaine, O.P., *Le Corpus dionysien de l'Université de Paris au XIIIe siècle,* Roma, Edizioni storia e letteratura, 1953.

* M.M. Dufeil, *Guillaume de Saint-Amour et la Polémique universitaire parisienne (1250-1259),* Paris, Picard, 1972.

M.M. Dufeil, "Ierarchia: un concept dans la polémique universitaire parisienne du XIIIe siècle", *Soziale Ordnungen im Selbstverständnis des Mittelalters,* em *Miscellanea Mediaevalia,* n. 12/1, Berlim, 1979.

* R.A.Gauthier, *Magnanimité — L'idéal de la grandeur dans la philosophie païenne et dans la théologie chrétienne,* Paris, Vrin, col. "Bibliothèque thomiste", n. 28, 1951. (Os intelectuais em busca de identidade teórica.)

* M. Grabmann, *Die Geschichte der scholastischen Methode,* Friburgo-em-Brisgau (Alemanha), Herder, 1909; Berlim, Akademie Verlag, 1957, 2 vol. (Sempre fundamental.)

R. Hissette, *Enquête sur les 219 articles condamnés à Paris le 7 mars 1277,* Louvain-Paris, 1977.

R. Hissette, "Etienne Tempier et ses condamnations", *Recherches de théologie ancienne et médiévale,* n. 47, 1980, pp. 231-270.

S.P. Marrone, *William of Auvergne and Robert Grosseteste: New Ideas of Truth in the Early XIIIth century*, Princeton, 1983.

G. Paré, *Les Idées et les Lettres au XIIIᵉ siècle. Le Roman de la rose*, Paris, Vrin, 1947. (As universidades e a literatura.)

Rutebeuf, *Poèmes concernant l'Université de Paris*, Commentaires H.H. Lucas, Paris, Nizet, 1952. (As universidades e a literatura.)

A. Tuilier, "La renaissance de l'aristotelisme universitaire à Paris au XIIIe siècle", *The Cambridge History of Later Medieval Philosophy: from Rediscovery of Aristote to the Desintegration of Scholasticism 1100-1600*, Cambridge University Press, 1982, pp. 7-21.

* F. Van Steenberghen, *La Philosophie au XIIIᵉ siècle*, Louvain, publicações universitárias; Paris, B. Nauwelaerts, 1966. (Fundamental.)

* F. Van Steenberghen, *Aristote en Occident*, Louvain, 1946. (A grande aventura intelectual da Idade Média.)

E.H. Weber, *La Controverse de 1270 à l'Université de Paris et son retentissement sur la pensée de saint Thomas d'Aquin*, Paris, 1970.

E.H. Weber, *L'Homme en discussion à l'université de Paris en 1270*, Paris, Vrin, 1970.

VI. UNIVERSIDADES E UNIVERSITÁRIOS NOS SÉCULOS XIV E XV DO INTELECTUAL MEDIEVAL AO HUMANISTA

H. R. Abe, "Die soziale Gliederung der Erfurter Studentenschaft im Mittelalter, 1392-1521", I, *Beiträge zur Geschichte der Universität Erfurt*, 1961, VIII.

J.W. Baldwin and R.A. Goldthwaite eds., *Universities in Politics. Case Studies from the late Middle Ages and Early Modern Period*, Baltimore-Londres, J. Hopkins Press, 1972.

C. Bec, *Les Marchands écrivains — Affaires et humanisme à Florence 1375-1434*, Paris-Haia, Mouton, 1967.

A.E. Bernstein, *Pierre d'Ailly and the Blanchar Affair: University and Chancellor of Paris at the beginning of the Great Schism*, Leiden (Holanda), Brill, 1978.

A. Birkenmajer, "L'Université de Cracovie, centre international d'études astronomiques à la fin du XVe siècle et au début du XVIe siècle", *Boletim da Academia Polonesa de Ciências*, Varsóvia, Seção de Letras, 1955-1957, vol. 13-16.

C.F. Bühler, *The University and the Press in XVth Century Bologna*, Bloomington, Indiana University Press, 1958. (As universidades e a arte da impressão: Bolonha.)

G. Cappello, *Umanesimo e scolastica*, "Rivista di Filosofia Neoscolastica", 1977, vol. LXIX.

E. Châtelain, "Notes sur quelques tavernes fréquentées par l'Université de Paris au XIVe et XVe siècle", *Bulletin de la société de l'Histoire de Paris*, n. XXV, 1898.

W.J. Courtenay, "The Effect of the Black Death on English Higher Education", *Speculum*, n. 55, 1980, pp. 696-714.

E. Delaruelle, "La politique universitaire des papes d'Avignon — spécialement d'Urbain V — et la fondation du Collège espagnol de Bologne", *El Cardenal Albornoz y el Colegio de España*, t. II, Bolonha, 1972, pp. 8-39.

G. de Lagarde, *La Naissance de l'esprit laïque au déclin du Moyen Âge*, 6 vol., 1934-1946, nova ed. 1956-1963. (Uma grande virada do espírito medieval.)

M. Elie, "Quelques maîtres de l'Université de Paris vers l'an 1500", *Archives d'histoire doctrinale et littéraire du Moyen Âge*, 1950-1951, pp. 193-243.

Ch. J. Ermatinger, "Averroism in Early Fourteenth Century Bologna", *Medieval Studies*, XVI, 1954.

* G. Fioravanti, *Università e Città — cultura umanistica e cultura scolastica a Siena nell'400*, Florença, Sansoni, col. "Quaderni di Rinascimento", 1980-1981, vol. III. (Evolução intelectual, evolução urbana.)

* A. L. Gabriel, "Student Life in Ave Maria College Medieval Paris", *History and Chartulary of the College*, University of Notre Dame (Indiana, EUA), 1955. (O melhor quadro da vida estudantil medieval.)

A. L. Gabriel, "Les Étudiants étrangers à l'Université de Paris", *Annales de l'Université de Paris*, n. 3, 1959.

A. L. Gabriel, "The College System in the XIVth Century Universities", *The Forward Movement of the XIVth Century*, ed. F.L. Utley, Columbus (Ohio, EUA), 1961, pp. 79-124.

A. L. Gabriel, *Petrus Cesaris Wagner and Johannes Stoll: XIVth century. Printers at the University of Paris*, University of Notre Dame (Indiana, EUA), 1978. (As universidades e a arte da impressão: Paris.)

* E. Garin, "La concezione dell'università in Italia nell'età del Rinascimento", *Les Universités européennes du XIVe au XVIIIe siécle*, Genebra, Droz, Estudos e documentos publicados pelo Institut d'histoire de la faculté de lettres de Genève, 1967, vol. 4.

L. Giard "Histoire de l'Université et du savoir: Padoue (XIVe-XVe siècle)", *Revue de synthèse*, n. 110, Paris, Albin Michel, abril-junho de 1983, 3ª série.

E.F. Jacob, "On the promotion of English University Clerks during the later Middle Ages", *Journal of Ecclesiastical History*, n. 1, 1950.

P.O. Kristeller, *Die italienischen Universitäten der Renaissance*, Krefeld (Alemanha), Shriften und Vortäge des Pretarca Institututs Köln, s.d., n. 1.

* P.O. Kristeller, "Humanism and Scholasticism in the Italian Renaissance", *Studies in Renaissance. Thought and Letters*, Roma, 1956. (No tempo do Renascimento.)

P.O. Kristeller, "The University of Bologna and the Renaissance", *Studi e Memorie per la storia dell'Universià de Bologna*, número de série I, 1956.

* G. Leff, *The Dissolution of the Medieval Outlook. An Essay on Intellectual and Spiritual Change in the XIVth Century*, New York University Press, 1976. (A ruptura depois do século XIII.)

J. Le Goff, "Dépenses universitaires à Padoue au XVe siècle", *Mélanges*, LXVIII, Roma, École française de Rome, 1956. Republicado em *Pour un autre Moyen Âge*, Paris, Gallimard, 1977.

G. Lytle, "Patronage Patterns and Oxford Colleges c. 1300-c. 1530", *The University in Society*, Princetown, Lawrence Stone ed.,1974, t. I.

* G.F. Lytle, *Oxford Students and English Society, c. 1300-c. 1510*, Princeton Ph. D. Dissertation, 1975.

A. Maier, *Studien zur Naturphilosophie der Spätscholastik*, Roma, Ed. di Storia e Letteratura, 1949-1966, 5 vol.

A. Maier, "Die Bologneser Philosophen des 14 Jahrhunderts", *Studi e memorie per la storia dell'Università di Bologna*, número de série I, 1956; republicado em: Maier, *Ausgehendes Mittelalter*, II, Roma, 1967.

B.M. Marti, *The Spanish College at Bologna in the Fourteenth Century*, Edition and Translation of its Statutes with Introduction and Notes, Filadélfia, 1966.

J. Monfrin, "Étudiants italiens à la fin du XIVe siècle", *Mélanges d'histoire et d'archéologie publiés par l'École française de Rome*, LXIII, 1951.

A. Moody, "Ockham, Buridan and Nicholas of Autrecourt, The Parisian statutes of 1339 and 1340", *Franciscan Studies*, n. 7, 1947, pp. 113-146.

E. Mornet, "Pauperes scolares: Essai sur la condition matérielle des étudiants scandinaves dans les universités aux XIVe et XVe siècles", *Le Moyen Âge*, l978, t. LXXXIV.

G. Ouy, "Le Collège de Navarre, berceau de l'humanisme français", *Enseignement et vie intellectuelle (IXe-XVIe siècle)*, Actes du 95e Congrès national des Sociétés savantes, t. I, Paris, 1975.

J. Paquet, *Salaires et prébendes des professeurs de l'université de Louvain au XVe siècle*, Léopoldville, 1958.

* J. Paquet, J. Ijsewijn (ed.), *Les Universités à la fin du Moyen Âge*, Louvain, 1978. (Um rico conjunto de estudos: sombras e luzes.)

* J. Paquet, "Recherches sur l'universitaire 'pauvre' au Moyen Âge", *Revue Belge de Philosophie et d'Histoire*, Bruxelas, 1978, t. LVI, fasc. 2.

E. Raimondi, "Umanesimo e università nel quattrocento bolognese", *Studi e memorie per la storia dell'Università di Bologna*, I, 1956.

G. Ritter, "Studien zur Spätscholastik, II: 'Via antiqua' und 'via moderna' auf den deutschen Universitäten des 15 Jahrhunderts", *Sitzungsberichte der Heilderberger Akademie*, Phil-hist. Klasse, números 6 e 7, 1921 e 1922. (Os Antigos e os Modernos no século XV.)

* Stone ed., *The University in Society. I. Oxford and Cambridge from the XIVth to the Early XIXth Century*, Princeton University Press, 1974.

R.N. Swanson, "Universities, Academies and the Great Schism", *Cambridge Studies in Medieval Life and Thought*, Cambridge University Press, 1979, 3ª série, vol. II.

St. Swiezawski, "La Philosophie à l'université de Cracovie des origines au XVIe siècle, *Archives d'histoire doctrinale et littéraire du Moyen Âge*, 1963, pp. 71-109.

* *Les Universités européennes du quatorzième au dix-huitième siècle. Aspects et problèmes*. Actes du colloque international à l'occasion du VIe centenaire de l'université jagellone de Cracovie, 1964, Genebra, Droz, 1967. (O fim dos intelectuais da Idade Média.)

J. Verger, "Le recrutement géographique des universités françaises au début du XVe siècle d'après les suppliques de 1403", *Mélanges d'archéologie et d'histoire de l'École française de Rome*, n. 82, 1970, pp. 855-902.

J. Verger, *Le Rôle social de l'Université d'Avignon au XVe siécle*, col. "Bibliothèque d'humanisme et renaissance", Genebra, Droz, trabalhos e documentos, t. XXXIII, 1971.

J. Verger, "Sul ruolo sociale delle università. La Francia tra Medioevo e Rinascimento", *Quaderni Storici*, n. 23, 1973, pp. 313-358. (Do papel intelectual ao papel social.)

J. Verger, "Les universités françaises au XVe siècle: crise et tentatives de réforme", *Cahiers d'Histoire*, n. 21, 1976, pp. 43-66.

J. Verger, "L'Université d'Avignon au temps de Clément VII", *Genèse et débuts du grand schisme d'Occident*, em *Colloques internationaux du CNRS*, n. 586, Avignon, 25-28 de setembro de 1978.

J. Verger, "Remarques sur l'enseignement des arts dans les universités du Midi à la fin du Moyen Âge", *Annales du Midi*, n. 91, 1979, pp. 355-381.

J. Verger, "Noblesse et savoir: étudiants nobles aux Universités d'Avignon, Cahors, Montpellier et Toulouse (fin du XIVe siècle)", *La Noblesse au Moyen Âge XIe-XVe siècle, Essais à la mémoire de Robert Bautruche*, ed. Ph. Contamine, Paris, PUF, 1978.

* P. Vignaux, *Nominalisme au XIVe siècle*, Montreal, 1948. (A grande corrente filosófica do século XIV.)

C. Vuillez, "Une étape privilégiée de l'entrée dans la vie. Le temps des études universitaires à travers l'exemple orléanais des derniers siècles du Moyen Âge", *Annales de l'Est*, n. 34, 1982, pp. 149-181.

D. Zanetti, "À l'Université de Pavie au XVe siècle: les salaires des professeurs", *Annales ESC*, 1962.

VII. ALGUNS ESTUDOS SOBRE DEZOITO GRANDES INTELECTUAIS DA IDADE MÉDIA

1. Abelardo (1079-1142)

E. Gilson, *Héloïse et Abélard*, Paris, Vrin, 1964, 3ª edição. (Um clássico.)

D.E. Luscombe, *The School of Peter Abelard: the Influence of Abelard's Thought in the Early Scholastic Period*, Cambridge, 1969.

Pierre Abélard, Pierre le Vénérable, Colóquio Cluny 1972, Paris, CNRS, 1975.

A. Crocco, *Abelardo: l'altro versante del medioevo*, Nápoles, Liprori, 1979.

* *Abélard en son temps*, Colóquio Paris 1979, Paris, Les Belles Lettres, 1981.

J. Verger et J. Olivet, Bernard — *Abélard, ou le cloître et l'école*, Paris, Fayard, 1982.

M. Fumagalli e B. Brocchieri, *Eloísa e Abelardo*, Milão, Mondadori, 1984.

2. Bernard Silvestris (morto depois de 1159)

B. Stock, *Myth and Science in the XIIth Century. A Study of Bernard Silvester*, Princeton, 1972.

3. Robert Grosseteste (c. 1170-1253)

D.A. Callus, "The Oxford Career of Robert Grosseteste", *Oxoniensia*, n. 10, 1945, pp. 42-72.

A.C. Crombie, *Robert Grosseteste and the Origins of Experimental Science*, Oxford, 1953.

D.A. Callus, ed., *Robert Grosseteste: Essays in Commemoration of the VII Century of his Death*, Oxford, 1955.

4. (Santo) Alberto Magno (c. 1200-1280)

A. Zimmermann, ed., *Albert der Grosse: seine Zeit, sein Werk, seine Wirkung*, em *Miscellanea Mediaevalia*, n. 14, Berlim-Nova York, 1981.

Albertus Magnus. Doctor Universalis. 1280-1980, ed. G. Meyer e A. Zimmermann, Mogúncia, Mathias-Grünewald Verlag, 1981.

5. Roger Bacon (1214-1294)

F. Alessio, *Mito e scienza in Ruggero Bacone*, Milão, 1957.

M. Frankowska, *Scientia as Interpreted by Roger Bacon*, Varsóvia, 1971.

6. (São) Boaventura de Bagnoregio (c. 1217-1274)

J.G. Bougerol, *Introduction à l'étude de saint Bonaventure*, col. "Bibliothèque de théologie", série I, vol. 2, Paris, 1961.

J.G. Bougerol, *Saint Bonaventure et la sagesse chrétienne*, Paris, Seuil, col. "Maîtres spirituels", n. 30, 1963.

S. Bonaventura 1274-1974, Grottaferrata (província de Roma), Collegio S. Bonaventura, 1973-1974, 5 vol.

7. (Santo) Tomás de Aquino (1227-1274)

M.D. Chenu, *Saint Thomas d'Aquin et la théologie*, Paris, Seuil, col. "Maîtres spirituels", n. 17, 1959.

M.D. Chenu, *Introduction à l'étude de saint Thomas d'Aquin*, nova ed., Paris, Vrin, 1976.

J.A. Weisheipl, *Friar Thomas d'Aquin, his Life, Thought and Works*, Oxford, 1974.

Thomas von Aquino, Interpretation und Rezeption. Studien und Texte, ed. W.P. Eckert, Mogúncia, 1974.

G. Verbeke e D. Verhelt, ed., *Aquinus and Problems of his Time*, em *Mediaevalia Lovaniensia*, 5, Louvain-Haia, 1976.

8. Raymond Lulle (1235-1315)

A. Leinares, *Raymond Lulle, philosophie de l'action*, 1963.

E.W. Plutzeck, R. *Lulle, sein Leben, seine Werke, die Grundlagen seines Denkens*, 2 vol., col. "Bibliotheca franciscanica", 5-6, Roma-Düsseldorf, 1962-1964.

9. Siger de Brabant (1235-1281)

F. van Steenberger, *Maître Siger de Brabant*, Louvain-Paris, 1977.

10. Eckhart (c. 1260-1327?)

M.A. Lücker, *Meister Eckhart und die Devotio Morderna*, Leiden (Holanda), Brill, 1952.

J. Ancelet-Hustache, *Maître Eckhart et la mystique rhénane*, Paris, Seuil, col. "Maîtres spirituels", n. 7, 1976.

11. Dante (1265-1321)

B. Nardi, *Dante e la cultura medievale*, Bari (Itália), Laterza, 1949, 2ª ed.

A. Pézard, *Dante sous la pluie de feu*, Paris, Vrin, 1950.

A. Renaudet, *Dante humaniste*, Paris, Les Belles Lettres, 1952.

É. Gilson, *Dante et la philosophie*, Paris, Vrin, 1953, 2ª ed.

M. de Gandillac, *Dante*, Paris, Seghers, 1968.

E.L. Fortin, *Dissidence et philosophie au Moyen Âge: Dante et ses antécédents*, Montreal, Bellarmin; Paris, Vrin, 1981.

12. Duns Scot (c. 1270-1308)

E. Gilson, *Jean Duns Scot, introduction à ses positions fondamentales*, Paris, Vrin, 1952.

13. Guilherme de Ockham (c. 1288-1348)

R. Guelluy, *Philosophie et théologie chez Guillaume d'Occam*, Louvain, 1947.

L. Baudry, *Guilllaume d'Occam. Sa vie, seus oeuvres, ses idées sociales et politiques*, Paris, Vrin, 1950, t. I.

G. Leff, *William of Ockham: the Metamorphoses of Scholastic Discourse*, Manchester, 1975.

14. Wyclif (1330-1384)

K.B. Mac Farlane, *John Wycliffe and the Beginnings of English Nonconformity*, Londres, 1952.

L.J. Daly, *The Political Theory of John Wyclif*, Chicago, 1962.

A. Robson, *Wyclif and the Oxford Schools*, Cambridge, 1966.

15. Chaucer (c. 1340-1400)

J.A. Bennett, *Chaucer at Oxford and at Cambridge*, Toronto (Canadá) e Búfalo (EUA), 1974.

16. Jean de Gerson (1363-1429)

A. Combes, *Jean Gerson commentateur dionysien. Pour l'histoire des courants doctrinaux à l'Université de Paris à la fin du XIVe siècle*, Paris, Vrin, 1940.

A. Combes, *Jean de Montreuil et le chancelier Gerson. Contribution à l'histoire des rapports de l'humanisme et de la théologie en France au début du XVe siècle*, Paris, Vrin, 1942.

P. Glorieux, "L'enseignement universitaire de Gerson", *Recherches de théologie ancienne et médiévale*, n. 23, 1956, pp. 88-113.

P. Glorieux, "Le chancelier Gerson et la réforme de l'enseignement", *Mélanges offerts à Etienne Gilson*, Toronto-Paris, Vrin, 1959, pp. 285-298.

S.E. Ozment, "The University and the Church. Patterns of Reform in Jean Gerson", *Medievalia et Humanistica*, 1970, nova série 1, pp. 111-126.

17. Nicolas de Cues (1401-1464)

M. de Gandillac, *La Philosophie de Nicolas de Cues*, Paris, Aubier-Montaigne, 1942.

Nicolas de Cues, Morceaux choisis, com introdução de M. de Gandillac. Paris, Aubier-Montaigne, 1942.

18. Gabriel Biel (morto em 1495)

H. Oberman, *The Harvest of Medieval Theology, Gabriel Biel and Late Medieval Nomminalism*, Cambrige (Mass.), 1963.

SUPLEMENTO BIBLIOGRÁFICO — FEVEREIRO DE 2000

J. Agrimi, C. Crisciani, *Edocere medicos. Medecina scolastica nei secoli XII-XV*, Nápoles, 1988.

R. Avi-Yonah, "Career Trends of Parisian Masters of Theology, 1200-1320", em *History of Universities*, vol. 6, 1986-1987, pp. 47-64.

* L. Bataillon, B. Guyot e R.H. Rouse (eds.), *La Production du livre universitaire au Moyen Âge. Exemplar et Pecia*, Paris, 1988.

B.C. Bazan, G. Fransen, D. Jacquart e J.W. Wippel, *Les Questions disputées et les questions quodlibétiques dans les facultés de théologie, de droit e de médecine*, Turnhout (Bélgica), 1986.

C. Beaune, *Éducation et cultures du début du XIIe siècle au milieu du XVe siècle*, Paris, 1999.

——, *Il Vescovo e i Filosofi. La condanna parigina del 1277 e l'evoluzione dell'aristotelismo scolastico*, Bérgamo, 1990.

—— e E. Randi, *Vérités discordantes. Aristote à la fin du Moyen Âge*, Paris-Friburgo (Suíça), 1993.

J. Biard, *Guillaume d'Ockham. Logique et philosophie*, Paris, 1997.

* A. Boureau, *Théologie, science et censure au XIIIe siècle: le cas Jean Peckham*, Paris, 1999.

C. Bozzolo e E. Ornato, *Préludes à la Renaissance. Aspects de la vie intellectuelle en France au XVe siècle*, Paris, 1992.

G.P. Brizzi e A.I. Pini, *Studenti e università degli studenti dal XII al XIX secolo*, Bolonha, 1988.

* ——— e J. Verger, *Le Università dell'Europa. La nascita delle Università*, Cinisello Balsamo, 1990.

* ——— e J. Verger, *Le Università dell'Europa. Le scuole e i maestri. Il Medioevo*, Cinisello Balsamo, 1994.

* ——— e J. Verger, *Le Università dell'Europa. Gli uomini e i luoghi*, Cinisello Balsamo, 1993.

S.I. Camporeale, *Lorenzo Valla. Umanesimo e teologia*, Florença, 1972.

F. Chatelet, *Histoire de la philosophie*, vol. II: *La Philosophie médiévale du Ier siècle au XVe siècle*, Paris, 1972-1999.

O. Capitani (ed.), *L'Università a Bologna. Personaggi, momenti e luoghi dalle origine al XIV secolo*, Bolonha, 1987.

D. Cecchetti, *Il primo umanesimo francese*, Turim, 1987.

* M.T. Clanchy, *Abelard: A Medieval Life*, Oxford, 1997.

R. Cessario, *Le Thomisme et les Thomistes*, Paris, 1999.

A. B. Cobban, *English University Life in the Middle Ages*, Londres, 1991.

———, *The Medieval English Universities: Oxford and Cambridge to c. 1500*, Berkeley-Los Angeles, 1988.

G. Contamine (ed.), *Traduction et traducteurs au Moyen Âge*, Paris, 1989.

W.J. Courtenay, *Schools and Scholars in Fourteenth Century England*, Princeton, 1987.

* ———. *Teaching Careers at the University of Paris in the Thirteenth and Fourteenth Century*, University of Notre Dame (Indiana, EUA) 1988.

———, "Inquiry and Inquisition, Academic Freedom in Medieval Universities", em *Church History*, n. 58, 1989, pp. 168-181.

G. Dahan, *Les Intellectuels chrétiens et les juifs au Moyen Âge*, Paris, 1990.

P. Dronke, *Intellectuals and Poets in Medieval Europe*, Roma, 1992.

* L. Dulac e B. Ribemont (eds.), *Une femme de lettres au Moyen Âge. Études autour de Christine de Pisan*, Orleãs, 1995.

S.C. Ferruolo, *The Origins of the Universities. The Schools of Paris and their Critics*, Stanford, 1985.

S.C. Ferruolo, "The Paris Status of 1215 reconsidered", em *History of Universities*, n. 5 (1986), pp. 1-14.

* J. Fried, *Schulen und Studium im sozialen Wandel des hohen und späten Mittelalter*, 1986.

A. García y García, "La enseñanza universitaria en las Partidas", em *Glossae, Revista de Historia del Derecho Europeo*, n. 2 (1989-1990), pp. 107-118.

* J. Ph. Genet, *La Mutation de l'éducation et de la culture médiévale*, 2 vol., Paris, 1999.

P. Gilli (ed.), *Former, enseigner, éduquer dans l'Occident médiéval, 1100-1450*, 2 vol., Paris, 1999.

J. Glénisson (ed.), *Le Livre au Moyen Âge*, Paris, 1988.

* N. Gorochov, *Le Collège de Navarre, de sa fondation (1305) au début du XVe siècle (1418). Histoire de l'institution, de sa vie intellectuelle et de son recrutement*, Paris, 1997.

P.F. Grendler, *Schooling in Renaissance Italy. Literacy and Learning 1300-1600*. Baltimore-Londres, 1989.

* J. Hamesse (ed.), *Manuels, programmes de cours et techniques d'enseignement dans les universités médiévales*, Colóquio de Louvain-la-Neuve, 1993, Louvain-la-Neuve, 1994.

J.F.M. Hoenen, H.J. Schneider e G. Wieland (eds), *Philosophy and Learning. Universities in the Middle Ages*, Leiden (Holanda), 1995.

R. Imbach, *Dante, la philosophie et les laïcs*, Friburgo (Suíça)-Paris, 1996.

D. Jacquart, *La Médecine médiévale dans le cadre parisien*, Paris, 1998.

E. Jeauneau, *Translatio studii. The transmissio of Learing — A Gilsonian Theme*, Toronto, 1995.

Z. Kaluza, *Les Querelles doctrinales à Paris: nominalistes et réalistes aux confins des XIVe et XVe siècles*, Bérgamo, 1988.

I. Kaniewska, "Les étudiants de l'université de Cracovie aux XVe e XVIe siècles (1433-1560)", em *Les Universités européennes du XVIe au XVIIIe siècle. Histoire sociale des populations étudiantes*, D. Julis, J. Revel e R. Chartier (eds.), vol. I, Paris, 1986.

J. Krynen, "Les légistes idiots politiques". "Sur l'hostilité des théologiens à l'égard des juristes en France au temps de Charles V", em *Théologie et droit dans la science politique de l'État moderne*, Roma, 1991.

D.R. Leader, *History of the University of Cambridge*, vol. I, *The University to 1546*, Cambridge, 1988.

M. Lemoine [trad.], *Hugues de Saint-Victor. L'art de lire. Didascalicon*, Paris, 1993.

A. de Libera, *Albert le Grand et sa philosophie*, Paris, 1990.

———, *Penser au Moyen Âge*, Paris, 1991.

* ———, *La Philosophie médiévale*, Paris, 1993.

———, *Maître Eckhart et la mystique rhénane*, Paris, 1999.

* S. Lusignan, *Parler vulgairement, les intellectuels français et la langue française aux XIIIe et XIVe siècles*, Paris-Montreal, 1987.

* ———, *"Vérité garde le Roy". La Construction d'une identité universitaire en France (XIIIe-XVe siècles)*, Paris, 1999.

* A. Maieru, *University Training in Medieval Europe*, 1994.

M. McCord Adams, *Guillaume d'Ockham*, University of Notre Dame (Indiana, EUA), 1987.

S. Menache, "La naissance d'une nouvelle source d'autorité: l'université de Paris", em *Revue historique*, n. 544, 1982, pp. 305-327.

P. Moraw, "Die Universität Prag im Mittelalter. Grundzüge ihrer Geschichte im europäischen Zasammenhang", em *Die Universität zu Prag*, Munique, 1986.

L. Moulin, *La Vie des étudiants au Moyen Âge*, Paris, 1991.

R. Paqué, *Le Statut parisien des nominalistes. Recherches sur la formation du concept de réalité de la science moderne de la nature*, Paris, 1985.

A. Paravicini Bagliani, "La fondazione dello Studium Curiae. Una rilettura critica", em *Luoghi e metodi di insegnamento nell'Italia medioevale (secoli XII-XIV)*, L. Gargan e O. Limone (eds.), Galatina (Itália), 1989, pp. 57-81.

——, "Les intellectuels et le pouvoir au Moyen Âge. Réflexions sur l'imaginaire social", em *Études des Lettres, Revue de la Faculté des Lettres*, n. 1, Université de Lausanne, 1984, pp. 21-48.

* A. Patschovsky e H. Rabe (eds.), *Die Universität in Alteuropa*, Constança (Alemanha), 1994.

J. Paul, *Culture et vie intellectuelle dans l'Occident médiéval. Textes e documents*, Paris, 1999.

——, *Histoire intellectuelle de l'Occident médiéval*, Paris, 1998.

F.X. *Puttalaz, Insolente Liberté. Controverses et condamnations au XIIIe siècle*, Paris-Friburgo Suíça), 1995.

—— e R. Imbach, *Profession philosophe. Siger de Brabant*, Paris, 1997.

J. Quillet (ed.), *Autour de Nicolas Oresme*, Paris, 1990.

A. Romano (ed.), *Dall'università degli studenti all'università degli studi*, Messina (Sicília, Itália), 1991.

—— e J. Verger (eds.), *I poteri politici e il mondo universitario (XIII-XX secolo)*, Saveria Mannelli, Messina (Sicília, Itália), 1994.

S. Roux, *La Rive gauche des escholiers (XVe s.)*, Paris, 1992.

* R.C. Schwinges, *Deutsche Universitätsbesucher im 14 und 15 Jahrhundert. Studien zur Sozialgeschichte des alten Reiches*, Stuttgart, 1986.

* ——— (ed.), *Gelehrte im Reich. Zur Sozial und Wirkungsgeschichte akademischer Eliten des 14 bis 18 Jahrhundert*, Berlim, 1996.

P. Sicard, *Hugues de Saint-Victor et son école*, Turnhout (Bélgica), 1991.

F. Smahel, "L'université de Prague de 1433 à 1622: recrutement géographique, carrières et mobilité sociale des étudiants gradués", em *Les Universités européennes du XVIe au XVIIIe siècle. Histoire sociale des populations étudiantes*, D. Julia, J. Revel e R. Chartier (eds.), vol. I, Paris, 1986.

P. Souffrin e A.P. Segonds, *Nicolas Oresme. Tradition et innovation chez un intellectuel du XIVe siècle*, Paris-Pádua, 1988.

R.W.Southern, *Robert Grosseteste. The Growth of an English mind in medieval Europe*, Oxford, 1986.

* R. Southern, *Scholastic humanism and the unification of Europe*, vol. I, Oxford, 1995.

T. Sullivan, *Benedictine Monks at the University of Paris, A.D. 1229-1500. A Biographical Register*, Leiden (Holanda), 1995.

R.N. Swanson, "Universities, Graduates and Benefices in Later Medieval England", em *Past and Present*, n. 106, 1985, pp. 28-61.

* M. Tanaka, *La Nation anglo-allemande de l'université de Paris à la fin du Moyen Âge*, Paris, 1990.

M.M.H. Thijssen, *Censure and Heresy at the University of Paris 1200-1400*, Filadélfia, 1998.

J.P.Torrell, *La "Somme" de Saint Thomas*, Paris, 1998.

* A. Tuilier, *Histoire de l'Université de Paris et de la Sorbonne, vol. I, Des origines à Richelieu*, Paris, 1994.

J. Verger, *L'Amour castré. L'Histoire d'Héloïse et Abélard*, Paris, 1996.

———, *Culture, Enseignement et Société en Occident aux XIIe et XIIIe siècles*, Rennes (França), 1999.

* ———, *L'Essor des universités au XIIIe siècle*, Paris, 1997.

——, *Les Gens de savoir en Europe à la fin du Moyen Âge*, Paris, 1997.

——, *Histoire des universités en France*, Toulouse, 1996.

——, *Les Universités françaises au Moyen Âge*, Leiden (Holanda), 1995.

——, "The Contribution of Medieval Universities to the Birth of Individualism and Individual Thought", em *The Individual in Political Theory and Practice*, J. Coleman (ed.), Oxford, 1996.

——, "L'exégèse de l'Université", em *Le Moyen Âge et la Bible*, P. Riché e G. Lobrichon (eds.), Paris, 1984, pp. 199-232.

——, "Les libertés universitaires en France au Moyen Âge", em *Les Libertés au Moyen Âge*, Montbrison (França), 1987.

——, "La politica universitaria di Federico II nel contesto europeo", em *Federico II e le città italiane*, Palermo, 1994.

——, "The University of Paris at the end of the Hundred Years War", em *Universities in Politics. Case Studies from the Late Middle Ages and Early Modern Period*, 1972.

—— e C. Vulliez, "Cartulaires universitaires français, O. Guyojeannin", em *Les Cartulaires,* L. Morelle e M. Parisse (eds.), Paris, 1993.

O. Weijers (ed.), *Le Maniement du savoir. Pratiques intellectuelles à l'époque des premières universités (XIIIe-XVe s.)*, Turnhout (Bélgica), 1996.

* ——, *Terminologie des Universités au XIIIe siècle*, Roma, 1987.

—— e L. Holtz (eds.), *L'Enseignement des disciplines à la Faculté des Arts (Paris et Oxford XIIIe-XVe siècles)*, Turnhout (Bélgica), 1997.

OBRAS COLETIVAS

Francescanesimo e cultura universitaria (Colóquio de Assis, 1988), Assis, 1990.

A History of the University in Europe, I.H. de Ridder-Symoens (ed.), Universities in the Middle Ages, Cambridge, 1992; edição alemã: W. Rüeg (ed.), Munique, 1993.

The History of the University of Oxford, vol. II, J.I. Catto e R. Evans (eds.), *Late Medieval Oxford*, Oxford, 1992.

* *Milieux universitaires et Mentalité urbaine au Moyen Âge* (Colóquio de Paris-Provins, 1984), Paris, 1987.

Índice onomástico

Abelardo, Pedro, 11, 25, 38, 57, 59, 60, 61, 64-69, 70-74, 77, 82, 85, 88, 118, 145.
Aberdeen (Universidade de), 171.
Absalon de Saint-Victor, 74.
Accursio, Francesco, 155, 156, 157.
Adalbéron de Laon, 29.
Adam du Petit-Pont, 158.
Adelardo de Bath, 40, 80, 82.
Afonso, o Magnífico (Afonso V), 172-173.
Afonso VII, imperador das Espanhas, 40.
Afonso IX de Leão, 170.
Afonso X, o Sábio, 170.
Agostinho (santo), 36, 141.
Aix, 173.
Alano de Lille, 81, 86, 137.
Albert de Saxe, 165.
Alberto III, 170.
Alberto Magno, 25, 94, 140, 141, 188.
Albornoz (cardeal), 160.
Alcalá (Universidade de), 170.
Alcuíno, 29, 33, 43.

Aldo Manuzio, 186.
Alexandre, 75.
Alexandre de Hales, 18, 94.
Alexandre Neckam, 76.
Alexandre III, 126.
Alexandre IV, 131, 170.
Al Farabi, 41.
Al Karismi, 41.
All Souls (colégio de), 161.
Almain, Jacques, 184.
Ambrósio, o Camaldulense, 186.
Amedeo de Saluzzo (cardeal), 193.
Angers, 173.
Anselmo (Santo), 17, 60, 73, 79, 119.
Arezzo, 97, 172.
Argenteuil, 66.
Argirópulos, 186.
Aristipo de Palermo, 40.
Aristóteles, 24, 38, 41, 42, 75, 80, 105, 135, 139-141, 168, 175, 188, 189-191.
Arnaldo de Brescia, 68.
Arnaud de Bonneval, 77.
Asor Rosa, Alberto, 8.

Obs.: Os autores modernos figuram com seu sobrenome. As personagens da Idade Média figuram geralmente através de seu prenome.

Astrolábio (filho de Abelardo e Heloísa), 63.
Assur, 87.
Atenas, 33, 101.
Aurispa, 186.
Autrecourt, Nicolas d', 162, 165.
Averroés, 106, 140, 142, 146.
Avicena (ou Ibn Siná), 41, 106, 140.
Avignon, 173, 180.

Babel, 87.
Babilônia, 43, 44, 87.
Bacon, Roger, 94, 128, 146, 147, 165.
Bagdá, 30, 37.
Balliol (colégio de), 160.
Barba-Roxa (ver Frederico Barba-Roxa).
Barcelona (Universidade de), 170.
Bartolo, 159.
Basiléia, 16, 171, 181.
Beaujouan, Guy, 166.
Becket (ver Thomas Becket).
Bento de Aniano (São), 31.
Bernard de Chartres, 34-36, 37, 74, 76, 85, 118, 119.
Bernard Silvestris, 81, 85.
Bernardo (São), 44, 46, 68-71, 75, 86, 112, 126, 194.
Bernardos, 102.
Bessarion (cardeal), 25, 185-186, 188.
Biel, Gabriel, 164.
Bizâncio, 37.
Bloch, Marc, 156.
Boaventura (São), 26, 94, 132, 144.

Boécio, 41, 141, 146, 147.
Bolonha, 8, 93-97, 99, 100, 103, 106, 154-156, 157, 160, 170, 171, 185.
Bonifácio VIII (cardeal Benedetto Gaetani), 134, 135, 173.
Bonifácio IX, 171.
Bordeaux (Universidade de), 173.
Borgo San Donnino (ver Gerardo da Borgo San Donnino).
Boucicaut (marechal de), 158.
Bourges, 173, 181.
Bradwardine, Thomas, 164.
Branca de Castela, 96.
Bricot, Thomas, 184.
Bruni, Leonardo, 189-191.
Budapeste (Universidade de), 171.
Budrio, 155.
Burgos, 190.
Burgúndio de Pisa, 40.
Buridan, Jean, 162, 165.

Caen (Universidade de), 173.
Cahors, 173.
Caim, 87.
Cambridge (Universidade de), 15, 20, 161, 171.
Cardan, Gerolamo, 166.
Careggi, 194.
Carlos IV (imperador germânico, rei da Boêmia), 158, 170, 172, 186.
Carlos V, 179.
Carlos VI, 181, 193.
Carlos VII, 173, 182.
Carlos VIII, 173.
Carlos Magno, 30, 32.

Casimiro, o Grande, 171.
Castiglione, Baltasar (ou Baldassarre), 192.
Catânia, 173.
Celestino III, 98.
Celle, Pierre de, 45.
Châlis (abadia de), 194.
Chalon-sur-Saône, 70.
Chartres, 43, 74, 78, 85.
Chartres (bispo de), 66.
Chaucer, 14, 25.
Chenu, Marie-Dominique, 12, 69, 79, 117.
Chrétien de Troyes, 43.
Cícero, 30, 65, 106, 186, 194.
Cister, 68.
Cistercienses, 9, 102.
Clagett, Marschall, 166.
Clemente VI, 170.
Clemente VII, 170.
Cluny, 70, 73.
Coimbra (Universidade de), 170.
Col, Gontier, 187, 192, 194.
Cola di Rienzo, 186.
Colet, John, 187.
Colônia (Universidade de), 19, 170.
Combes, André, 166.
Comte, Augusto, 176.
Constança, 16.
Constantino, o Africano, 106.
Contantinopla, 49.
Copenhague (Universidade de), 171.
Copérnico, 166.
Corbeil, 60.
Córdoba, 30, 37.
Corpus Christi (colégio de), 161.

Courson (ver Robert de Courson).
Cracóvia (Universidade de), 19, 171.
Crockart, Peter, 184.
Cues, Nicolas de, 19, 162, 167, 183, 189.

Damasco, 30, 37.
Daniel de Morley, 42, 43.
Dante, 13, 24, 26, 76, 144, 176.
Dassel, Reginald de, 49.
Demetrius Chalcondilas, 186.
Demóstenes, 186.
Descartes, 124, 166.
Destrez, Jean, 114.
Diderot, 138.
Dole (Universidade de), 173.
Domingos (São), 133.
Dominicanos, 102, 129, 133.
Dubois, Pierre, 175.
Duhem, Pierre, 78, 166.
Dumézil, Georges, 11.
Duns Scot, João, 112, 162.

Eckhart, mestre, 162, 167.
Elisseeff, Vadime, 10.
Enoche de Ascoli, 186.
Enoque, 87.
Erasmo, 123, 169, 183, 187, 188, 191, 194.
Erfurt (Universidade de), 19, 170.
Este (família), 172, 186.
Estouteville (cardeal d'), 182.
Estrabão, 186.
Etienne de Tournai, 87.
Euclides, 38, 40, 106.
Eugênio IV, 173.
Everardo, o Alemão, 49.

Exeter (colégio de), 161.
Ezequiel, 61.

Feltre, Vittorino da, 186.
Ferrara, 172, 186.
Ferry, Jules, 32.
Fichet, Guillaume, 187.
Ficino, Marsilio, 189.
Filelfo, 185, 186.
Filipe Augusto, 96.
Filipe, o Belo, 159, 175, 179.
Filipe, o Bom, 173.
Fillastre, Guillaume, 187.
Fílon, 186.
Fitzralph, Richard, 168.
Florença, 20, 152, 172, 186, 189, 194.
France, Anatole, 33.
Franciscanos, 9, 102, 131, 133.
Francisco de Assis (São), 9, 99, 113, 129, 133.
Francisco I, 159.
Frederico Barba-Roxa, 49, 97.
Frederico II, 38, 172.
Freising (ver Oto de Freising).
Froissart, 158.
Fulbert (cônego), 63, 64-66.
Fustat, 30.

Gaguin, Robert, 188.
Galeno, 38, 41, 106.
Galileu, 166.
Gandillac, Maurice de, 71.
García, Alonso, 190, 191.
Garlande, Jean de, 18, 112, 113.
Gauthier (padre R.-A.), 145.
Gautier de Lille, 50.
Gaza, Teodoro, 186.

Geraldo de Cremona, 40.
Gerardo da Borgo San Donnino, 132.
Gerbert, 17.
Gerhoch de Reichersberg, 83.
Gerson, Jean de, 19, 25, 162, 169, 181, 187.
Gilbert de la Porrée, 86.
Gilbert de Tournai, 119.
Gil de Roma, 143.
Gilson, Etienne, 63, 124.
Gioacchino da Fiore (ou Joaquim de Fiore), 131.
Giovanni d'Andrea, 155.
Giraud de Barri, 89.
Glasgow (Universidade de), 171.
Glorieux (monsenhor Palimon), 122.
Godefroy de Fontaines, 143.
Godshouse (colégio de), 161.
Goliardos, 47, 48, 52-58, 64, 65, 112, 142.
Gomorra, 87.
Gondisalvi, 40.
Gonville (colégio de), 161.
Grabmann (monsenhor Martin), 117.
Gramsci, Antonio, 8.
Gregório VII (São), 53, 79.
Gregório IX, 98, 106.
Gregório XII, 172.
Greifswald (Universidade de), 171.
Grenoble, 173.
Grocyn, 187.
Groote, Gerhard, 19.
Grosseteste (ver Robert Grosseteste)

Grundmann, Herbert, 11.
Guarino, 186.
Guillaume d'Auvergne, 18, 119.
Guillaume de Champeaux, 59, 60.
Guillaume de Conches, 75, 77, 83, 85.
Guillaume de Moerbeke, 190.
Guillaume de Saint-Amour, 129, 131.
Guillaume de Saint-Thierry, 45, 69, 71, 75.
Guizot, François, 37.

Hajnal, Istvan, 104.
Harcourt (colégio de), 160.
Harvengt (ver Philippe de Harvengt).
Hauser, Henri, 159.
Hegel, 176.
Heidelberg (Universidade de), 19, 170.
Heloísa, 62, 63-66, 70, 85, 88.
Henrique II Plantageneta, 50.
Henrique III, 96, 99.
Hermann, o Dálmata, 40, 89.
Heytisbury, William, 165.
Hildegarda de Bingen (Santa), 82, 189.
Hilduin, 67.
Hipócrates, 38, 41, 46, 84, 106.
Hírcio, 65.
Hobbes, 176.
Honório de Autun, 74, 79, 84.
Honório III (papa), 99, 101, 129.
Horácio, 136, 194, 196.
Huesca (Universidade de), 170.
Hugo de Orleãs, 49.
Hugo de Santala, 40.

Hugues de Saint-Victor, 84, 88.
Huizinga, 158.
Humberto II, 173.
Humphrey de Gloucester, 187.
Hus, João, 162, 178.

Ingolstadt (Universidade de), 171.
Inocêncio III, 98, 99, 127.
Inocêncio IV, 99, 131, 172.
Isaque, 89.

Jacob, E.F., 180.
Jandun, Jean de, 162.
Jean de Meung, 13, 25, 58, 64, 68, 131, 133, 137, 138, 147.
Jean de Montreuil, 187, 194.
Jericó, 87.
Jerônimo (São), 65.
Jerusalém, 26, 43, 46.
Jesus (colégio de), 161.
Joana d'Arc, 16, 181.
Joana de Navarra, 165.
João de Salisbury, 34, 46, 83, 86, 118.
João Sem Terra, 96.
Joinville, 13.
Josué, 87.
Justiniano, 106.

Kibre, Pearl, 9, 174.
Kilwardby, Robert (arcebispo de Cantuária), 142.
King's College, 161.
King's Hall (colégio de), 161.
Koyré, Alexandre, 166.
Kutna Hora, 178.

Ladislau Jagelão, 171.
Lagarde, Georges de, 174.
Laon, 43, 60.
Latrão, 126.
Leão Tuscus, 40.
Lefèvre d'Étaples, Jacques, 188, 189.
Leff, Gordon, 162, 164.
Leipzig (Universidade de), 19, 170, 178.
Lemoine (cardeal), 188.
Lênin, 176.
Leonardo de Pisa, 40.
Lérida (Universidade de), 170.
Liège, 17.
Linacre, 187.
Lincoln (bispo de), 95, 146.
Lincoln (colégio de), 161.
Lisboa, (Universidade de), 170.
Londres, 99, 186.
Loup de Ferrières, 30.
Lourenço, o Magnífico, 172, 186.
Louvain (Universidade de), 171.
Lucano, 35, 61.
Luciano, 186.
Luís, o Piedoso, 31.
Luís (São), 159, 173, 182, 183.
Luís XI, 159, 173, 182, 183.
Luís II de Provença, 173.
Luís da Baviera, 175.
Lull, Raymond, 189.
Lutero, 123, 176.

Magdalen (colégio de), 175.
Maier, A.-L., 166.
Mair, Jean, 184, 190.
Malebranche, Nicolas, 123.
Mandonnet, Pierre, 120.

Maomé, 69.
Maquiavel, 176.
Marc Mussurus, 186.
Marcel, Etienne, 179.
Marsílio de Pádua, 162, 174-177.
Martianus Cappella, 33.
Martinho V (papa), 173.
Matilde de Inglaterra, 50.
Maturinos, 102.
Maurras, Charles, 176.
Medicis, 30.
Melun, 60.
Merton (colégio de), 162.
Meung (ver Jean de Meung).
Michaelhouse (colégio de), 161.
Michalski, C., 164. Na verdade, este autor aparece no texto como "K. Michalsky".
Mino da Colle, 158.
Módena, 172.
Mogúncia (Universidade de), 171.
Mohamed (tradutor sarraceno), 40.
Moisés de Bérgamo, 40.
Mollat, Michel, 10.
Monfort, Simon de, 96.
Montaigu (colégio de), 188.
Montpellier, 173, 174.

Nantes, 59, 173.
Nápoles (Universidade de), 172.
Navarra (colégio de), 160.
Neckham (ver Alexandre Neckham).
Nemrod (ou Nimrod), 84.
New College, 161.
Nicolas d'Amiens, 86.
Nicolas d'Autrecourt (ver Autrecourt, Nicolas').
Nicolas de Clamanges, 187, 194.

Nicolas de Cues (ver Cues, Nicolas de).
Nicolau IV, 155.
Nicolau de Túsculo (cardeal), 99.
Nicole (ou Nicolas) Oresme, 162, 165, 166.
Nínive, 87.
Noé, 85.
Noël Bédier, 184.
Nogaret, Guillaume de, 175.
Nogent-sur-Seine, 67.
Norberto (São), 68.

Ockham, Guilherme de, 25, 162-166, 174, 176, 183.
Odofredo, Alberto d', 155.
Odofredus, 126.
Olmetola, 155.
Orange, 173.
Oresme (ver Nicole Oresme).
Oriel (colégio de), 161.
Orleãs, 43, 49, 96, 172.
Orleãs (duque de), 181.
Oseney (mosteiro de), 95.
Oto de Freising, 37.
Oxford, 94-97, 99, 100, 103, 129, 146, 161, 170, 171, 185, 187.

Pádua, 97, 115, 126, 153, 156, 172, 186.
Palência, 170.
Palermo, 38.
Palissy, Bernard, 166.
Palma de Maiorca (Universidade de), 170.
Paquet, Jean, 10.
Paris, 11, 20, 24, 42-45, 46-49, 58, 60, 68, 69, 86, 97, 98, 101, 102, 112, 158, 172, 177, 188, 191.
Paris (Universidade de), 13, 16, 19, 94-96, 100, 103, 105, 106, 129, 141, 144, 160, 174, 178-181, 185, 187.
Paris (concílio de), 134.
Paris (bispo de), 67, 68.
Paulo (São), 67, 76, 119, 133, 189.
Pavia, 172, 186.
Pecs (Universidade de), 171.
Pedro de Toledo, 40.
Pedro, o Chantre, 18.
Pedro, o Comedor, 12, 18, 86, 106.
Pedro, o Venerável, 39, 40, 69, 70, 85-86.
Pedro (São), 99.
Penbroke (colégio de), 161.
Perpignan (Universidade de), 170.
Peterhouse (colégio de), 161.
Petit, Jean, 181.
Petrarca, 186, 188.
Philippe de Harvengt (abade), 46.
Philippe de Vitry, 158.
Piacenza, 172.
Pierre d'Ailly, 162, 164, 168-169.
Pierre de Blois, 34.
Pierre Lombard, 12, 18, 86, 105, 106, 164.
Pietro de Muglio, 185.
Píndaro, 186.
Pio II (papa), 171.
Pirenne, Henri, 114.
Pisa, 172, 186.
Platão, 36, 42, 118, 141, 188, 195.
Platão de Tívoli, 40.
Plínio, 75.

Plotino, 186.
Poitiers, 86.
Poitiers (Universidade de), 173-174, 181.
Pompeu, 61.
Post, Gaines, 9.
Praga (Universidade de), 19, 171, 174, 178, 186.
Premonstratenses, 9, 68.
Pressburg (Universidade de), 171.
Procus, 186.
Pseudo-Dionísio, 189.
Ptolomeu, 38, 40, 106.
Pitágoras, 195.

Queen's College (Oxford), 161.
Queen's College (Cambridge), 161.

Rabelais, 34, 123, 183.
Raimundo (arcebispo de Toledo), 38.
Rathier de Verona, 17.
Razi (ou Razés), 41, 106.
Reggio nell'Emilia, 172.
Reims, 17, 43, 46.
Renaudet, Augustin, 188.
Richard de Saint-Victor, 189.
Robert de Chester, 85.
Robert de Courson (cardeal), 98, 105.
Robert Grosseteste, 146, 190.
Robert de Ketten, 40.
Rodolfo IV, 170.
Roma, 9, 33, 43, 52, 70, 100, 186, 189.
Rostock (Universidade de), 171.
Rougemont, Denis de, 82.
Rousseau, 138, 176.

Rupert de Deutz, 87.
Rutebeuf, 11, 13, 25, 58, 131, 136.
Ruysbroeck, 189.

Saint Andrews (Universidade de), 171.
Saint Catharine's College, 161.
Saint-Denis (abadia de), 67.
Saint Frideswide (mosteiro de), 95.
Saint-Marcel, (convento de), 70.
Saint-Victor (ver Hugues de Saint-Victor e Richard de Saint-Victor).
Salamanca, 170, 190.
Salisbury (ver João de Salisbury).
Salisbury (bispo de), 99.
Salomão, 46, 75, 85.
Salutati, Coluccio, 185.
Santini, Giovanni, 8.
Santo Sepulcro (confraria do), 160.
Saragoça (Universidade de), 170.
Scotus Erigena, Johannes, 33.
Seio, 42.
Sena, 97, 172.
Sêneca, o Jovem, 187.
Sêneca, o Velho, 187.
Sens, 70.
Serlon de Wilton, 49.
Sforza (família), 186.
Siger de Brabante, 11, 24, 26, 140, 141, 144.
Sigüenza (Universidade de), 170.
Sócrates, 195.
Sodoma, 87.
Soissons, 66, 69.
Sorbon, Robert de, 13, 160.

Sorbonne, 160, 184, 188.
Standonck, Jean, 188.
Swineshead, Richard, 165.

Tabacco, Giovanni, 8.
Tateret, Pierre, 184.
Tempier, Etienne, 19, 142.
Teofrasto, 65.
Terência, 65.
Terêncio, 186.
Thierry de Chartres, 77.
Tiago de Veneza, 40.
Tito, 42.
Tito Lívio, 187.
Toledo, 38, 42.
Tomás de Aquino (Santo), 11, 24, 26, 73, 88, 94, 112, 119, 132, 133, 144, 147, 189, 190.
Tomás Becket (São), 46.
Tomás da Irlanda, 101.
Tomás More (ou Morus), 187.
Toulouse (Universidade de), 100, 141, 173.
Treviso, 172.
Trier (Universidade de), 171.
Trinity Hall (colégio de), 161.
Trivet, Nicholas, 186.
Troyes, 179.
Troyes (bispo de), 67.
Tuilier, 15.

Túnis, 30.
Turim, 172.

Ulpiano, 42.
University (colégio de), 160-161.
Upsala (Universidade de), 171.
Urbano V, 170.
Urbano VI, 170.

Valência (Universidade de), 170.
Valla, Lorenzo della, 56, 189.
Venceslau IV, 178.
Veneza, 186.
Vercelli, 172.
Verger, Jacques, 19.
Vicenzia, 97, 172.
Viena (Universidade de), 19, 171.
Vignaux, Paul, 59, 163.
Villon, François, 25, 51, 153, 184.
Vincent de Beauvais, 12.
Vinci, Leonardo da, 166.
Virgílio, 24, 36, 76.
Visconti (família), 186.
Visconti, Giovanni (ou Gian) Galeazzo, 172.

Würzberg, 19.
Wyclif, 11, 162, 178.

Referências cronológicas

1100-1166	El Edrisi.
1121-1158	Tradução latina da *Nova Lógica*, de Aristóteles.
c. de 1121	O *Sic et non*, de Abelardo.
1126-1198	Averroés.
1140	*Decreto* de Graciano.
1141	Concílio de Sena. Condenação de Abelardo.
1143	Tradução do *Planisfério*, de Ptolomeu.
1144-1203	Alano de Lille.
1145	Robert de Chester traduz a *Álgebra*, de Al Karismi.
1146	São Bernardo prega a 2ª Cruzada em Vézelay.
antes de 1147	*Cantar de mio Cid*.
1148	Concílio de Reims. Condenação de Gilbert de la Porée.
1154	Privilégios de Frederico Barba-Roxa aos mestres e estudantes de Bolonha.
c. 1155-1170	Thomas: *Tristão e Isolda*.
1160	Béroul: *Tristão e Isolda*.
	Os *Niebelungen*.
1163	Alexandre III proíbe aos monges os estudos de medicina e de direito.
1163-1182	Construção de Notre-Dame de Paris.
1167-1227	Gêngis Khan.
1174	Privilégios de Celestino III aos mestres e estudantes de Paris.
depois de 1177	Início da composição do *Roman de Renard*.
1180	O Capítulo de Notre-Dame de Paris funda o primeiro colégio: o Colégio dos Dezoito.
1197	Saladino toma Jerusalém.

1200	Privilégios de Filipe Augusto à Universidade de Paris.
1206-1280	Santo Alberto Magno.
1208	Fundação da Ordem dos Frades Pregadores (dominicanos).
1209	Primeira comunidade franciscana.
c. 1210-1295	Roger Bacon.
1214	Primeiros privilégios de Oxford.
1215	Estatuto de Robert de Courson para a Universidade de Paris.
1226-1270	Reinado de São Luís.
1221-1274	São Boaventura.
1224-1274	Santo Tomás de Aquino.
1230-1250	Ingresso de Averroés nas Universidades do Ocidente.
c. 1235-c. 1284	Siger de Brabante.
1235-1315	Raymond Lulle.
1240	Robert Grosseteste traduz a *Ética* de Aristóteles.
1245-1246	Santo Alberto Magno ensina em Paris.
1248-1254	Primeira cruzada de São Luís.
1248-1255	São Boaventura ensina em Paris.
1252-1259	Santo Tomás de Aquino ensina em Paris.
1254-1323	Marco Polo.
1255	O *Novo Aristóteles*. De Iacopo da Varazze, *Legenda aurea* (em francês, *Légende Dorée*, de Jacques de Voragine).
1257	Robert de Sorbon funda em Paris um colégio para os estudantes de teologia.
1260-1327	Mestre Eckhart.
1265	Santo Tomás começa a Suma Teológica.
1265-1321	Dante.
1266-1268	Roger Bacon: *opus majus, opus minus, opus tercium*.
1270	Primeira condenação de Siger de Brabante e do averroísmo.
1276	Segunda parte do *Romance da Rosa* de Jean de Meung.
1277	Condenação das doutrinas tomistas e averroístas.
1282	Adam de la Halle: *Jeu de Robin et de Marion* (*Jogo de Robin e de Marion*).
1291	Perda de São João d'Acre.

1293-1381	Jean Ruysbroek.
1294	Celestino V, papa dos Espirituais.
c. 1300-1361	Jean Tauler.
c. 1300-1365	Heinrich Suso.
1300-ap. 1368	Jean Buridan.
1304-1374	Petrarca.
1309	O papa Clemente V se instala em Avignon.
1312	O *Inferno*, de Dante.
1313-1375	Bocácio.
	Condenação de Mestre Eckhart.
1337	Início da Guerra dos Cem Anos. Primeira condenação do ockhamismo pela Universidade de Paris.
1337-1410	Froissart.
1340-1400	Chaucer.
1346	Batalha de Crécy.
	O *Decamerão*, de Bocácio.
1376	A faculdade de Montpellier consegue a cessão de um cadáver anual para dissecação.
1377	Gregório XI volta a Roma.
1379	Fundação do New College em Oxford.
1387-1455	Fra Angelico.
1395	Gerson, chanceler da Universidade de Paris.
1401-1464	Nicolas de Cues.
1405-1457	Lorenzo della Valla.
c. 1420	*Imitação de Cristo*.
1424	Aurispa, primeiro professor de grego em Bolonha.
c. 1425-1431	O *Cordeiro Místico*, de Jan van Eyck.
1430-1470	François Villon.
1431	O papa Eugênio IV introduz os estudos humanísticos na Universidade de Roma.
1433-1499	Marsilio Ficino.
1440	Publicação do *De docta ignorantia*, de Nicolas de Cues.
1450	Gutenberg abre uma oficina de impressão em Mogúncia.
1450-1537	Lefèvre d'Étaples.
1453	Tomada de Constantinopla pelos turcos.
1463-1494	Pico de la Mirandola.

1466	Criação de uma cátedra de grego na Universidade de Paris.
1466-1536	Erasmo.
1469	Casamento de Isabel de Castela com Fernando de Aragão.
1469-1527	Maquiavel.
1470	Introdução das técnicas de impressão na Universidade de Paris.
1475	Tratado de Picquigny: fim da Guerra dos Cem Anos.
1488	Bartolomeu Dias dobra o Cabo da Boa Esperança.
1492	Cristóvão Colombo descobre a América. Tomada de Granada pelos Reis Católicos.
1497	A *Última Ceia*, de Leonardo da Vinci. Partida de Vasco da Gama.

Este livro foi composto na tipografia
Classical Garamond BT, em corpo 11/15, e impresso
em papel off-set no Sistema Digital Instant Duplex
da Divisão Gráfica da Distribuidora Record.